図解でわかる

ソーシャルワーク

鈴木孝典・鈴木裕介 編著

中央法規

はじめに

　この本を手にとられたあなたは、「ソーシャルワーク」に何らかの関心をもつ、あるいは関心をもった人でしょう。そのこころは、「ソーシャルワークって何だろう?」という疑問でしょうか?　それとも、「ソーシャルワークを知りたい!・学びたい!」という探究心でしょうか?　はたまた、「真のソーシャルワークって何なんだろう……」という迷いや葛藤でしょうか?

　ソーシャルワークは、人々の暮らしの課題に取り組み、一人ひとりが追求する「よりよい状態（ウェルビーイング）」を実現できるよう、人と環境にはたらきかける専門的な活動です。

　近年、人々の暮らしは、少子高齢化による子育てや介護の問題に加えて、気候変動によって多発する自然災害、新型コロナウイルス（COVID-19）などの感染症の拡大などに伴い、社会や経済の状況、医療や福祉の仕組みが大きく変わり、さまざまな困難に直面しています。それにより、多くの人々が、これまでに経験のない不安や経済的な困窮、孤立などの「人生の危機」にさらされています。

　さらに、私たちの暮らす社会に目を向けると、教育や経済、ジェンダー間の不平等、格差などが、人々の分断、偏見、差別、権利侵害を助長し、人々の暮らしに新たな問題を引き起こしています。

　こうした、さまざまな人と社会に関する問題が現れるなかで、その解決に向けた専門的な活動であるソーシャルワークは、さまざまなフィールドで展開されています。福祉施設や医療機関、行政機関、地域の相談機関など従来の活動フィールドに加えて、近年では学校、民間企業、刑務所や保護観察所などの刑事・司法にかかわる機関、海外からの難民を支援する組織など、その活躍の場が拡がっています。また、自ら起業して、人の権利を擁護する活動や地域をつくる活動に従事するソーシャルワークの実践者（ソーシャルワーカー）も増えています。

　このように、ソーシャルワークは、人と社会に多くの接点をもつ、あなたにとって身近な活動です。にもかかわらず、その活動の実態や内容、魅力について、人々から十分

に理解されていません。

　こうした実情から、この本は、「ソーシャルワークとは何か？」ということを多くの人に知ってもらいたいという思いでつくりました。そのため、できるだけわかりやすく、やさしい文章で説明することを心がけて、図表やイラストを使って目で見てわかるように、工夫しました。

　この本は、ぜひ次のような人に読んでほしいです。もしくは、この本を薦めてほしいです。

> ①ソーシャルワークを全く知らない人、
> ②ソーシャルワークを勉強しようとしている人、もしくは勉強を始めたばかりの人
> ③ソーシャルワークを勉強し直したい人
> ④ソーシャルワークの勉強が苦手な人
> ⑤ソーシャルワークを自分の暮らしや活動に活かしたい人

　ここで、この本の中身を簡単に紹介します。この本は、まずソーシャルワーカーの専門的な援助活動の内容と方法、視点について説明しています。

　次に、ソーシャルワールワーカーが挑む、人々と社会の福祉課題について解説しています。そのうえで、ソーシャルワークの進め方とその際の大切なことを紹介しています。

　加えて、ソーシャルワークの理論、やり方の枠組み（「モデル」といいます）、およびモデルに基づく体系的な進め方（「アプローチ」といいます）についても解説しています。

　なお、この本では、社会福祉学の探究やソーシャルワーカーになることを志す、高校生や受験生のみなさんの探究学習や入試、入学準備のために、SDGsとソーシャルワークとの関連について説明しています。さらに、人々と社会の福祉課題に関連したデータについても多く掲載しています。

　この本が、あなたのソーシャルワークに関する興味、関心、学び、探究、そして実践に役立つことができれば幸いです。また、この本を通じて、ソーシャルワーカーの仲間やソーシャルワーカーとともに、人々のウェルビーイングの向上と社会の発展に取り組む仲間が増えることを願ってやみません。

2023年10月

編著者　鈴木 孝典　鈴木 裕介

図解でわかるソーシャルワーク 目次

はじめに

第 **3** 章　ソーシャルワークが挑む課題
——SDGsとのかかわり

第 6 章　ソーシャルワークが大切にしている理論やモデル

第 **7** 章 今、ソーシャルワーカーが
身につけたい技術

ソーシャルワーカーって
何をする人？

01

よりよい人生を支える

▶「ウェルビーイング」の実現を支えるソーシャルワーカー

ソーシャルワーカーは、人生の困難に直面している人に対して、専門性を発揮しながら、その人自身がそれを克服できるよう、潜在する能力を引き出したり、成長を促したりして、「自分にとってのよりよい状態（ウェルビーイング）」を実現することができるように支援を展開する専門家です。

▶「生老病死」と人生の危機（クライシス）

仏教では、人生のなかで直面する困難について、「四苦」、すなわち「生老病死（生まれ・老い・病に罹り・死ぬ）」と表します。この「生老病死」に代表される、人が直面する人生の重大な出来事を危機（クライシス）といいます。危機には、人生の周期（ライフサイクル）における発達上の課題に関連するものと、病気やケガを負うこと、災害に遭うことなどの偶発的なものがあります。

▶ 人生の危機（クライシス）を乗り越えることを支える

人は、人生の危機に直面したときに、その状況を理解し、まわりの人に支えられながら、経験をもとに危機への対処を試みます。それは、うまくいくこともあれば、うまくいかないこともあります。ただ、いずれの場合でも、その経験は人生の危機を乗り越え、ウェルビーイングを追求する糧となります。他方、危機への対処が困難となったり、未経験の危機に直面したりすると、ウェルビーイングを追求する意欲が揺らぎます。こうした課題に対し、ソーシャルワーカーは、人の課題解決の力と成長を促し、その人自身が「ウェルビーイング」を実現できるよう援助することを生業^{なりわい}としています。

ライフサイクルとソーシャルワーク 図

人生の経過と生活空間の変化

生活空間

時間の経過（人生の経過）

→時間（人生）の経過によって、暮らしの場とそこでの役割、
かかわる人、直面する課題は変化する

ライフサイクルと発達上の課題、課題を達成することで獲得できるものおよび危機

学童期

課題	学校での学習や集団生活を通じての社会性や勤勉性の習得
獲得	自信、有能感、社会的な技能、基礎学力など
危機	うまくいかないと「自分はできない」という劣等感

青年期

課題	自分が自分であるという感覚（自我同一性・アイデンティティ）の確立
獲得	自分の能力・価値・弱点の認識、自我同一性（アイデンティティ）など
危機	自我同一性の混乱、自らの人生の選択と周囲の期待とのギャップ

初期成人期

課題	他者との親密な人間関係の形成、仕事や子育てによる社会への貢献
獲得	愛、他者との親和性、仕事、家庭、暮らしの安定など
危機	人間関係の困難さ・葛藤、孤立

成人期

課題	次世代、後進の育成およびそれに必要な能力の獲得、向上
獲得	生産性（自分の経験や能力で他者や社会に何かを生み出すこと）、有用感（役に立っているという実感）
危機	停滞（自分の活動が中心であり、他者や社会への貢献が少ない状態）

老年期

課題	自分の人生の振り返り、受け入れ、達成感を得ること（統合性）
獲得	自分の人生に対する満足、達成感、英知など
危機	自分の人生に対する後悔、絶望

※エリクソンのライフサイクル論をもとに作成

01 よりよい人生を支える

02

人と環境にはたらきかける

私の暮らしと環境

　私たちの暮らしは、常に「**環境**」とのやりとりによって営まれます。「環境」とは、人間が欲求を充たしたり、希望や願いを叶えたりするうえで欠かせない要素です。「環境」は、家族や友人などの「**人間環境**」と学校、職場、病院、交通機関、図書館などの文化施設、介護や福祉のサービスなどの「**社会環境**」に大きく分けることができます。

　例えば、「私」と「学校」とのやりとりを考えてみましょう。「私」は、習得したい知識や技術を追求するために「学校」という社会環境に教育を求めます。この求めに対して「学校」は、「私」に教育を提供するのと併せて、学校のルールに沿って授業を受けること、学費を払うことなどを求めます。この「学校」からの求めに対して「私」は、「学生」として、うまく応え続けることにより、「学校」が提供する教育を受けることができます。私たちは、こうした「環境」との関係を「学校」だけでなく、家族、友人、職場、商店、病院、交通機関などと多様に取り結んでいます。

暮らしの困難とソーシャルワーク

　私たちは、対処が困難な危機に直面すると、「環境」とのやりとりが難しくなります。例えば、交通事故で下肢に障害を負ってしまった場合、電車やバスなどの「環境」とのやりとりが困難となります。また、この困難により、学校や職場に通うことも困難になります。ソーシャルワークでは、こうした暮らしの困難を「**人と環境とのやりとり（交互作用）**」の結果であると理解します。そのうえで、困難を経験する人と一緒に、人と環境とのやりとりを調整したり、人の問題解決の力や成長を促したり、「環境」の改善を図ったりして、その困難の解消を目指します。

人と環境の関係性 図

第1章 ソーシャルワーカーって何をする人？

第2章 人々のライフサイクルと暮らしの課題

第3章 ソーシャルワークが挑む課題

第4章 ソーシャルワークの具体的な流れ

第5章 ソーシャルワーカーに求められること

第6章 ソーシャルワークが大切にしている理論やモデル

第7章 今、ソーシャルワーカーが身につけたい技術

人にとっての環境

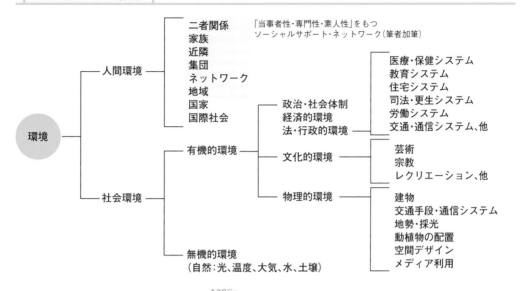

出典：小島蓉子「ソーシャルワーク実践における生態学（エコロジー）とは何か」『社会福祉研究』第46号、p.6、1989年を一部改変

人と環境とのやりとり（交互作用）

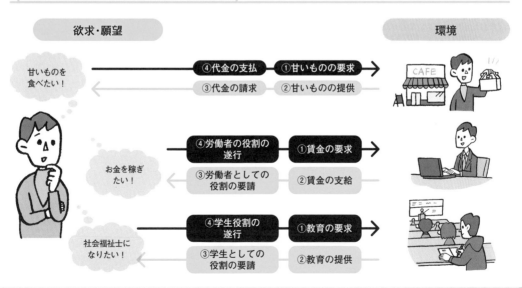

03

援助関係をつくり、課題を探る

■ 暮らしの困難を明らかにするための情報を集める

　先述のとおり、ソーシャルワークでは、人が暮らしのなかで経験する困難を「人と環境のやりとり」の結果として生じるものと理解します。そのうえで、「人の側」に立ち、その人が「いつ」「どこで」「誰（どの環境）との関係で」「何に」「どのように」困っているのかを把握するための情報を集めます。集めた情報は、整理、分析して、困難を軽減、解消するための課題（タスク）を探ります。集める情報と整理、分析の仕方については、p.112の「情報を収集して分析する（アセスメント）」で説明します。

■ 課題を探る基盤となる「援助関係」

　ソーシャルワークでは、暮らしの困難を抱え、援助を受ける人のことを「**クライエント（client）**」と呼びます。クライエントが直面する困りごとを把握するためには、何よりもその人自身から情報収集する必要があります。ただし、クライエントのなかには、自分のことをうまく伝えられない人もいます。そのため、ソーシャルワーカーは、**クライエントの表現（言葉や表情、行動**など）を大切に受け止めながら、クライエント自身の困難の認識、大切にしている人やもの、役割、持ち味などへの理解を深めます。そのうえで、困難を軽減、解消するための援助のやり方や活用する社会資源などを探ります。他方、クライエントは、ソーシャルワーカーとのかかわりを通じて、自らの困難やそれを生み出す環境との関係性、困難に対応する自分の力などを知っていきます。

　このように、ソーシャルワーカーとクライエントが交互作用し、暮らしの困難を軽減、解消するための課題（タスク）をともに見出し、協働しながら課題に取り組む関係を「**援助関係**」といいます。この「援助関係」が、ソーシャルワークの基盤となります。

ソーシャルワーカーとクライエントの援助関係 図

クライエントを理解するための方法

面接による困りごとや
訴えの把握

職場、学校、社会活動など
クライエントの生活場面での情報収集

家庭訪問による生活状況の把握

クライエントの関係者やほかの
専門職者とのケア会議等による
多面的な情報収集

電話やSNSなどによる
クライエントからの相談や
悩みごとの把握

グループワークを活用した
「集団のなかのクライエント」
の強みや課題の把握

ソーシャルワーカーとクライエントの「援助関係」

クライエントは、ソーシャルワーカーとの関係を介して自分の困難、希望、周囲の人の困難な思い、自分の力などの理解を深める

ソーシャルワーカーは、クライエントの周囲の人との関係を形成して、クライエントに対する評価、思い、葛藤、家族の生活状況などについて探る

クライエント

ソーシャル
ワーカー

家族・関係者など
周囲の人

ソーシャルワーカーは、クライエントとの関係を介してクライエントの抱える困難、大切な人・もの、希望、役割、持ち味を理解し、援助の方法や活用する社会資源などを探る

クライエントの周囲の人は、ソーシャルワーカーを介して、クライエントの抱く困難、大切なもの・こと、希望、持ち味などに対する理解を深める

04

社会資源を結びつける

● 「社会資源」とは何か？

　ソーシャルワークでは、クライエントの暮らしの困難を軽減、解決するための援助として、その人と**「社会資源」**を結びつけます。社会資源とは、暮らしの困難の軽減、解消やその解決に向けたクライエントの取り組みを支える人や組織、制度、サービスなどのことを示します。例えば、心身の障害のある人が、自分の状況や希望に合った職場探しに困難を抱えている場合、ソーシャルワーカーはクライエントと援助関係を築きながら、その困難の解消に向けた課題（**タスク**）を定めていきます。また、その課題への取り組みを支える社会資源を探ります。具体的には、公共職業安定所（ハローワーク）や地域障害者職業センターという機関が提供する、障害のある人のための職業紹介のサービスや職業訓練のプログラムなどの利用が検討されます。

● 「社会資源」同士を結びつける

　視覚に障害があり、学校生活に困難のある人の場合を考えてみましょう。学校までの通学、学校内での移動、授業の理解などの課題が想定されます。これらには、移動を支えるガイドヘルパー、文字通訳のボランティア、就学する環境を整えるスクールソーシャルワーカーなどの社会資源が必要となります。こうした**社会資源と人を結びつけ、情報を共有し、役割を分担するなどの連携体制をつくる**のがソーシャルワーカーです。

　また、連携体制は、似通った困難を抱えるほかの人にも応用可能です。ただし、同様の困難でも、人によって暮らし方や必要となる社会資源は異なります。そのため、ソーシャルワークでは、個々の暮らしの困難に応じて社会資源同士を結びつけながら、同様の困難を抱える人の支えにも対応できるよう**支援ネットワークの形成**を目指します。

ソーシャルワークにおける社会資源の活用とネットワーク化　図

ソーシャルワーカー　　クライエント

・援助関係の形成
・援助関係に基づく困難および困難の解消に向けた課題（タスク）の検討
・課題（タスク）への取り組みを支援する社会資源の検討

課題（タスク）への取り組みを支える社会資源

病院、介護保険や障害者総合支援制度に基づくサービス、ハローワークが提供する就職支援など法制度に基づくサービス
フォーマル・サービス

家族・友人・同僚・上司・近所の人、大家などの非公式、非組織的な支援者
インフォーマル・サービス

職場や学校、地域などで活動する支援者（産業医、産業カウンセラー、スクールカウンセラー、スクールソーシャルワーカー、養護教諭、コミュニティソーシャルワーカー、民生委員など）

社会保険（年金、健康保険、雇用保険など）、児童手当、公的扶助（生活保護）などの制度

弁護士、司法書士、公認会計士、ファイナンシャルプランナーなど異業種の専門家

商店、不動産業者、銀行、図書館、文化・スポーツ施設、公共交通機関、通信サービスなど、社会に当たり前に存在する資源

社会資源のネットワーク化による地域の福祉を支える体制づくり

05

社会資源を生み出す

■「社会資源」を生み出す

　先述のとおり、ソーシャルワーカーは、クライエントの暮らしの困難の軽減、解消のために、必要となる社会資源を活用し、さらにそのネットワーク化を図ります。しかし、クライエントの困難に対応する社会資源が、地域に存在しなかったり、あっても使えなかったりすることもあります。そのため、ソーシャルワーカーは、クライエントと環境の抱える困難や問題に対処する**社会資源を新たに生み出し**たり、使えるように改良したりします。具体的には、クライエントの暮らしの困難を基点に、地域のなかで共通する人々の暮らしの課題を探り、その課題に対応する人を育てたり、組織やサービスをつくったり、改良したりしながら、社会資源を創出します。併せて、その活動を通じ、暮らしの困難を生じさせる**地域社会の問題や構造上の課題を明らかに**します。

■「社会資源」を生み出すための課題（タスク）

　ソーシャルワーカーは社会資源の創出に向けて、次のことを**支援の課題（タスク）**とし、ソーシャルワークを展開します。

①**政策をつくること**：個人と地域の福祉の課題を明らかにし、その課題に対応する制度や施策の制定、変革に地域住民とともに取り組みます。

②**権利をまもること**：環境との関係において権利の制限や侵害を受けやすい社会福祉の対象者のために、権利をまもるための仕組みづくりを行います。

③**地域に潜在する力を引き出すこと**：地域のなかの福祉の課題に、地域の住民や組織が主体的に取り組むことができるように、住民、組織と協働して、必要な社会資源を創出できるように支援します。

社会資源を生み出すソーシャルワーク 図

ソーシャルワーカー　　　　　　　　クライエント

・援助関係の形成
・援助関係に基づく困難および困難の解消に向けた課題（タスク）の検討
・課題（タスク）への取り組みを支援する社会資源の検討

 課題（タスク）への取り組みを支える社会資源

地域のなかにない
もしくはあっても使えない

● 地域アセスメントの実施

・クライエントの困難にかかわる地域で共通の福祉的課題の情報収集、分析、評価
・クライエントの困難にかかわる地域の社会資源の配置、課題に関する情報収集、分析、評価
・クライエントの課題解決にかかわる地域の強みと弱みに関する情報収集、分析、評価
・クライエントが暮らす地域の特性（社会経済的状況、文化的背景など）の情報収集、分析、評価
・クライエントの困難にかかわる地域で共通の福祉的課題を解決するための方策の検討

● 地域アセスメントを実施し、社会資源を生み出す地域の組織の一例

高齢者を対象とする組織 地域ケア会議、生活支援体制整備の協議体、高齢者施策推進協議会 など

障害者を対象とする組織 地域自立支援協議会、障害保健福祉圏域の協議の場、障害者施策推進協議会 など

子ども・家庭を対象とする組織 要保護児童対策地域協議会、子ども・若者支援地域協議会 など

社会資源の改良、開発、支援を担う人材の育成、
新たな支援ネットワークの形成など

第1章 ソーシャルワーカーって何をする人？

第2章 人々のライフサイクルと暮らしの課題

第3章 ソーシャルワークが挑む課題

第4章 ソーシャルワークの具体的な流れ

第5章 ソーシャルワーカーに求められること

第6章 ソーシャルワークが大切にしている議論やモデル

第7章 今、ソーシャルワーカーが身につけたい技術

06

社会を変える

■ 「社会資源」を生み出すための課題（タスク）

　ソーシャルワーカーは、クライエントの暮らしの困難を基点に、地域のなかに共通する福祉の課題（**地域の福祉課題**）を探り、社会資源の創出やそのための仕組みづくりを行います。さらに、その活動を通じて、社会のなかの差別や不平等など、社会の構造上の問題を明らかにし、その問題を**解決するための課題（タスク）**を探ります。暮らしの困難を生み出す根源となる、差別や不平等を軽減、解消し、社会で暮らす誰もが、一人の尊厳ある市民として自分の持ち味を発揮しながらウェルビーイングを追求できる社会（**共生社会**）を創る活動も、ソーシャルワークの一環です。

■ みんなが「自分らしく」暮らすことのできる社会の創生を目指して

　共生社会を創るために、ソーシャルワーカーは次のような活動を展開します。

①「地域の福祉課題」への関心と対処能力を高める活動

　地域住民や地域のなかの組織（学校、企業など）に対して、市民交流や生涯学習の機会などを通して、地域の福祉課題への気づきを促すとともに、その課題に取り組む主体としての認識や技能の向上を図ります。

②市民による活動を支援する活動

　地域の福祉課題に取り組む人々や組織への支援を通じて、共生社会の実現に向けた課題を探り、その課題に市民とともに取り組みます。

③地域の福祉課題を探るための調査研究活動

　地域の福祉課題を把握するため、市民や組織に対してアンケートやインタビューなど調査を行い、その課題解決に向けた政策や仕組み、方法などを探ります。

「自分らしく」暮らすことのできる社会を創るためにソーシャルワーカーが行う基盤づくり　図

第1章　ソーシャルワーカーって何をする人？
第2章　人々のライフサイクルと暮らしの課題
第3章　ソーシャルワークが挑む課題
第4章　ソーシャルワークの具体的な流れ
第5章　ソーシャルワーカーに求められること
第6章　ソーシャルワークが大切にしている理論やモデル
第7章　今、ソーシャルワーカーが身につけたい技術

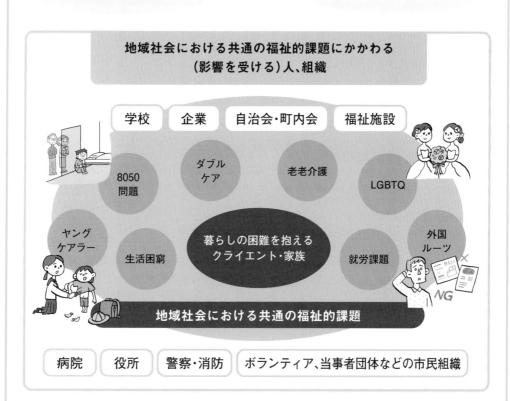

地域の人・組織とソーシャルワーカーとの協働による
「社会を創る」基盤づくりの活動

勉強会・研修会などを
通じての理解の促進

支援ネットワークの形成

地域アセスメント

協議の場づくりと
情報・課題の共有

ロビー活動
（議員への説明・理解の促進）

地域社会における共通の福祉的課題にかかわる
（影響を受ける）人、組織

学校　　企業　　自治会・町内会　　福祉施設

8050問題　　ダブルケア　　老老介護　　LGBTQ

ヤングケアラー　　生活困窮　　暮らしの困難を抱えるクライエント・家族　　就労課題　　外国ルーツ

地域社会における共通の福祉的課題

病院　　役所　　警察・消防　　ボランティア、当事者団体などの市民組織

第1章参考文献

● 仲村優一・小松源助編『講座社会福祉（5）――社会福祉実践の方法と
技術』有斐閣、1984年
● 髙良麻子「社会福祉士によるソーシャル・アクションの体系的把握」
『社会福祉学』第56巻第2号、2015年

第 2 章

人々の
ライフサイクルと
暮らしの課題

01

暮らしのなかで
出会う課題って？

人々の暮らしの課題

　第1章でも述べたとおり、私たちは人生のなかでさまざまな出来事を経験します。それは、人生の旅路において経験することが予見できるものと偶発的に経験するものがあります。私たちは、その出来事に対して、周囲の人の力を借りたり、過去の経験や自分の得意を活かしたり、サービスを買ったりと、自分のもつ力、人とのつながり、家や車、貯金などの財を使いながら、何とか対処することを試みます。それでも、その出来事に対する対処がうまくいかないことがあります。さらに、年齢、病気や障害、災害、犯罪などの**偶発的な危機**により、出来事が複雑となり、個人の力や人とのつながりだけでは**対処できない困難**を経験することがあります。

人々の暮らしの課題に寄り添うソーシャルワーカー

　人々の暮らしの課題は、さまざまな形で現れます。例えば、出産や病気、失業などにより経済的な困難を抱えたり、育児や介護疲れ、離婚などにより虐待やＤＶなど、家族関係に葛藤が生じたり、心身の病気や障害によって仕事や家事が困難になったり、犯罪の被害者や加害者となり、平穏な暮らしが維持できなくなったりなど、挙げればきりがありません。ソーシャルワーカーは、個人や家族では対処が困難な暮らしの課題に寄り添いながら、困難を経験するその人自身が解決できるよう支援を展開します。

　本章では、①子どもの暮らしの課題、②病気や怪我のある人の暮らしの課題、③障害のある人の暮らしの課題、④地域で暮らす人々の福祉課題、⑤犯罪被害者と罪を犯した人の暮らしの課題、⑥高齢者の暮らしの課題を取り上げながら、その課題に取り組むソーシャルワーカーの活動を紹介します。

暮らしの困難を生じさせる出来事　図

第1章　ソーシャルワーカーって何をする人々？

第2章　人々のライフサイクルと暮らしの課題

第3章　ソーシャルワークが挑む課題

第4章　ソーシャルワークの具体的な流れ

第5章　ソーシャルワーカーに求められること

第6章　ソーシャルワークが大切にしている理論やモデル

第7章　今、ソーシャルワーカーが身につけたい技術

就職

進級・進学

加齢

人生の旅路（ライフサイクル）で経験することが予見できる出来事（ライフイベント）

結婚

配偶者や身近な人との死別

妊娠・出産

定年退職

子の進級・進学

子の巣立ち

病気

自然災害

人生における偶発的な出来事（クライシス）

障害

犯罪被害

予期せぬ大切な人との死別

事故

ライフイベント、クライシスによってもたらされる困難

経済的な困難

介護・子育ての困難

孤立による困難

ストレス・心の健康問題による困難

病気・障害による困難

偏見・差別による困難

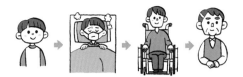

02 子どもの暮らしを守る

▶ 子どもが抱えるさまざまな問題にアプローチする

　現代社会において、子どもはさまざまな困難に直面することがあります。例えば、不登校になったり、いじめを受けたり、非行問題を起こしたり、あるいは保護者からの虐待を受け、家庭での適切な養育を受けることができないために、周囲の大人が市区町村や児童相談所に連絡したりするような場合もあります。さらに、子どもに何らかの障害があったり、周囲とのコミュニケーションがうまくとれなかったりすることにより、学校などでの適応に支障が生じる場合もあります。

　このようなとき、その子どもが自分らしくいられる権利が守られず、将来に対して希望をもてない状況になっていることがあります。そこで、子どもの権利が守られ、子どもが幸せを感じて日々の暮らしを送れるように、社会が支援することが求められます。そのための取り組みが**子ども家庭福祉のソーシャルワーク**です。

▶ 子どもの権利を守り、幸せを実現するためには家族全体を支援する

　子どもの幸せを実現する（**子どものウェルビーイング**ともいいます）ためには、子どもの生活の背景となっている家庭の状況が、子どもにとって**適切な養育環境**になっている必要があります。そこで、家族が安定した生活を送れるように家族全体を支援することで、子どもの幸せを実現することを目指すのです。例えば、家庭の経済状態を安定させるための支援や、保護者の病気を治療するための支援、保護者の家事や育児の負担を軽くして子どもと向き合うゆとりをもてるようにする支援など、多様な支援を行うことが子どもの権利を守り、幸せを実現することにつながります。ソーシャルワーカーは、こうした支援を幅広い関係者と協力し合って行うことが大切です。

子どもが抱えるさまざまな問題

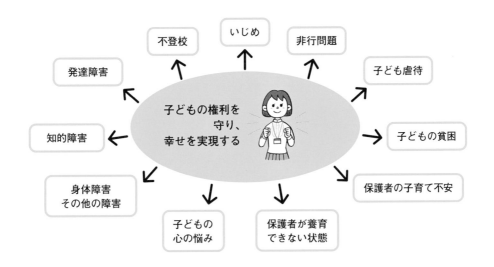

子どもの問題構造

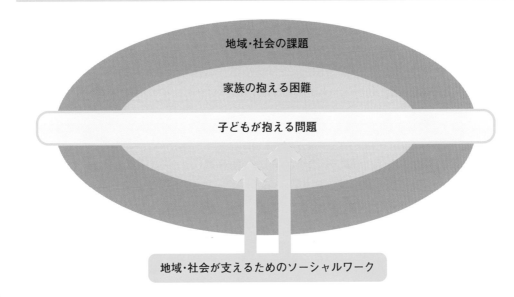

第 1 章　ソーシャルワーカーって何をする人々？

第 2 章　人々のライフサイクルと暮らしの課題

第 3 章　ソーシャルワークが挑む課題

第 4 章　ソーシャルワークの具体的な流れ

第 5 章　ソーシャルワーカーに求められること

第 6 章　ソーシャルワークが大切にしている理論やモデル

第 7 章　今、ソーシャルワーカーが身につけたい技術

03

子どもの暮らしを守る
ソーシャルワーク

子ども家庭福祉のソーシャルワークを行う機関

　子どもが抱える問題に対するソーシャルワークは、相談内容に応じてさまざまな機関が行っています。以下にその例を挙げます。

・不登校やいじめの問題→教育相談所、フリースクール、フリースペースなど
・非行問題→児童相談所、少年サポートセンター、法務少年支援センターなど
・子ども虐待→市区町村こども家庭センター、児童相談所
・子どものしつけや養育の相談→保健センター・保健所、市区町村こども家庭センター、児童相談所、少年サポートセンター、教育相談所、児童家庭支援センターなど
・発達の相談、障害相談→児童発達支援センター、児童相談所、医療機関など
・子どもの心の問題の相談→保健センター・保健所、精神保健福祉センター、児童相談所など
・子どもの養育の場→里親、乳児院、児童養護施設、児童心理治療施設、母子生活支援施設など

※このほか、多様な民間団体でも子どもを支援するソーシャルワークを行っています。

子ども家庭福祉ソーシャルワークのための機関連携

　上記のほかにも、子どもと家庭を支援するためのさまざまな機関（福祉事務所、警察署、医療機関、裁判所、主任児童委員、民生委員・児童委員、保育所、幼稚園・学校、児童館・放課後児童クラブなど）が相談し合って、協力しながら支援を進めています。これらの機関が連携して支援するための地域のネットワークとして、**要保護児童対策地域協議会**があります。

第1章 ソーシャルワーカーって何をする人？

第2章 人々のライフサイクルと暮らしの課題

第3章 ソーシャルワークが挑む課題

第4章 ソーシャルワークの具体的な流れ

第5章 ソーシャルワーカーに求められること

第6章 ソーシャルワークが大切にしている理論やモデル

第7章 今、ソーシャルワーカーが身につけたい技術

子どもを支える環境 図

子どもに関連する代表的な相談支援機関

児童相談所	都道府県・政令指定都市等に設置され、子どもの福祉を図り、子どもの権利を擁護するソーシャルワークを行う機関。児童福祉司や児童心理司、児童精神科医、保健師、弁護士等で構成された職員が対応する
教育相談所	都道府県や市区町村の教育委員会に設置され、子どもの教育や養育に関する相談を受ける機関。心理学等の専門知識を有する職員等が対応する
少年サポートセンター	都道府県警察に設置され、非行少年や不良行為少年への助言指導を行う機関。鑑別所に併設された法務少年支援センターでも同様の相談支援を行っている。心理学等の専門知識を有する職員等が対応する
市区町村こども家庭センター	市区町村の行政機構の一つで、母子保健事業や子育ての相談、子ども虐待への対応を行う
児童家庭支援センター	児童福祉施設の一つで、身近な子育ての相談や子どもの養育に関する相談に対応する
児童発達支援センター	通所により障害児に対する支援を行うとともに、障害児とその家族および保育所等の関係機関に対する相談支援を行う機関

地域のネットワークによる支援

要保護児童対策地域協議会

地域の関係機関が必要な情報の交換および支援の内容に関する協議を行い、協働した支援を行うための場

04

病気や怪我の予防・治療を支える

避けられない病気や怪我

　人が生きているなかで避けられないのが**病気**や**怪我**です。病気や怪我は、誰が、いつ、どこでするかわかりませんので、突如、私たちは病気や怪我と向き合うことになります。病気や怪我といってもさまざまで、すべての病気や怪我が治るわけではありません。

　例えば、病気や怪我が原因で障害を負ったり、生きている限り治療を受け続けないといけなかったり、死に至る場合もあります。そのため、病気や怪我をすると、病気や怪我の痛み、しんどさや苦しさがあるだけでなく、その人の生活や人生を一変するような大きな出来事となる場合があるのです。また病気や怪我は、病気になった人、怪我をした人だけでなく、その人を**取り巻く環境**（家族、友人、学校、職場等）にも大きな影響を与える場合があります。

病気や怪我による不安

　病気や怪我の治療のために入院や手術が必要となると、学校や仕事を休まないといけません。学校や仕事を休んでしまうと、学業や業務に支障が出ることはいうまでもありませんが、仕事を休むということは、経済的な問題へとつながっていく場合もあります。また、病気や怪我をした人が、家族に幼い子どもや介護を要する人がいて介護の担い手である場合、その人が療養している間、誰が介護の担い手となるのかといった不安を抱えることもあるでしょう。

　このように病気や怪我は、その人の生活スタイルや、その人を取り巻く環境（家族、友人、学校、職場等）に応じてさまざまな不安を抱えることになります。そしてその不安は、治療や療養に向き合う意欲にも影響をもたらすのです。

人が病気や怪我に向き合うということ　図

第1章　ソーシャルワーカーって何をする人？

第2章　人々のライフサイクルと暮らしの課題

第3章　ソーシャルワーカーが挑む課題

第4章　ソーシャルワークの具体的な流れ

第5章　ソーシャルワーカーに求められること

第6章　ソーシャルワークが大切にしている理論やモデル

第7章　今、ソーシャルワーカーが身につけたい技術

人が病気や怪我をしたときの経過

本人

家族

本人：痛い、苦しい、しんどい、つらい、戸惑い、不安
家族：驚きや戸惑い

これからどのような治療になるのだろうか。病気はよくなるだろうか

私が働き手だから、給料がないと家族が生活できない

本人：**治療や病気の不安、仕事を休まないといけない。お給料はどうなる？**
家族：早くよくなってほしい、**治療費はどれぐらいかかる？**お義父さんの介護は誰が……

夫しか働いてないから、お金のことが心配

本人：早くよくなって退院したい。仕事や家族が心配……
家族：早くよくなってほしい、**介護が大変**……

病気や怪我がよくなれば仕事や家庭のことは大丈夫かもしれないが……
もし仕事や介護が担えなければ……
亡くなってしまったら……

普段は夫に助けてもらっていたけど、1人は大変……

人は社会のなかで役割をもって生活している

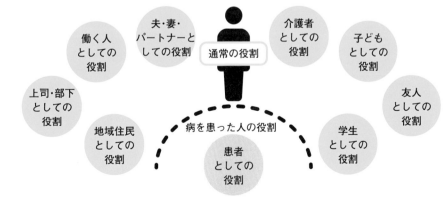

働く人としての役割

夫・妻・パートナーとしての役割

通常の役割

介護者としての役割

子どもとしての役割

上司・部下としての役割

地域住民としての役割

友人としての役割

病を患った人の役割

患者としての役割

学生としての役割

出典：一般社団法人日本ソーシャルワーク教育学校連盟編『最新社会福祉士養成講座5　保健医療と福祉』中央法規出版、p.9、2021年を一部改変

05

病気や怪我の予防・治療を支えるソーシャルワーク

医療ソーシャルワーカーとは

　病院には医師、看護師、薬剤師、管理栄養士、理学療法士、作業療法士、臨床工学技士などさまざまな専門職が働いています。専門職は自分の専門性を発揮して、病気や怪我をした人の治療やリハビリテーションを行っています。**医療ソーシャルワーカー**も病院の専門職の一人です。人が病気や怪我をすると、痛みや苦しさだけでなく、その人の生活スタイルや、その人を取り巻く環境に応じてさまざまな不安を抱えることになります。その不安は治療やリハビリテーションの意欲に大きく影響する場合があります。そのため、医療ソーシャルワーカーは、その他の専門職と連携しながら、病気や怪我の人が適切な治療が受けられるように、また治療やリハビリテーションに専念できるように**環境を整えること**が大切な役割です。

医療ソーシャルワーカーは福祉のスペシャリスト

　医療ソーシャルワーカーは**社会福祉士**を基礎資格とし、病院をはじめ、診療所、介護老人保健施設、保健所等で活躍しており、**MSW（Medical Social Worker）**が略称です。病気や怪我をしている人は、保健医療分野では**患者**として治療や療養をすることになりますが、一人ひとり異なる思いや考えをもちながら、それぞれの生活スタイルで、まわりの環境と関係を築きながら生活しています。医療ソーシャルワーカーは**面接**を主として、病気や怪我をしている人とその家族と関係を築き、以下の業務を行っています。

①療養中の心理的・社会的問題の解決、調整援助　②退院援助　③社会復帰援助
④受診・受療援助　⑤経済的問題の解決、調整援助　⑥地域活動

第1章 ソーシャルワーカーって何をする人？

第2章 人々のライフサイクルと暮らしの課題

第3章 ソーシャルワークが挑む課題

第4章 ソーシャルワークの具体的な流れ

第5章 ソーシャルワーカーに求められること

第6章 ソーシャルワークが大切にしている理論やモデル

第7章 今、ソーシャルワーカーが身につけたい技術

医療ソーシャルワーカーは患者やその家族が抱える問題を解決し、環境を整える

① 療養中の心理的・社会的問題の解決、調整援助

患者

入院している者です。入院費のこと、仕事のこと、家族のこと……。何もかも不安で……。

MSW

患者の不安や気がかりなことに受容や共感の姿勢で耳を傾け、不安や気がかりの内容を理解し、心理的な援助を行う

② 退院援助

患者

私は1人暮らしの高齢者です。頼る人もいないので、こんな状態では、生活できません……。

MSW

患者の生活について状況を確認し、患者の生活に合わせて、退院後に制度や地域の社会資源が活用できるように援助する

③ 社会復帰援助

患者

私は大学生です。車いすの状態で大学に通えるのか不安です。困ったときは誰に相談したらよいのか……。

MSW

患者の復学に対する不安に対して、場合によっては学校へ相談しながら、患者が安心して復学できるように援助する

MSWは、患者やその家族と面接を基本と">しさまざまな業務を多職種と連携しながら援助しています。

④ 受診・受療援助

患者

先生に治療が必要と言われたんですけど……。治療は受けたくないんです……。

MSW

患者が治療を拒否している理由やその背景について情報を収集し、患者が抱えている問題を解決できるように援助する

⑤ 経済的問題の解決、調整援助

明日手術をするんですが、手術代や入院費がどれぐらいかかるのか不安です。

患者

MSW

患者は生活状況に応じて経済的な不安を抱えやすい。その不安は療養に影響するので、早急に対応しなければならない。MSWは患者が制度を活用できるように、また他機関と連携しながら援助する

⑥ 地域活動

MSW

すべての患者が安心して地域で生活できるように、地域におけるネットワークづくりに貢献する

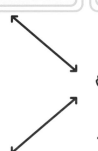

障害のある人の暮らしを支える

「障害のある人」って誰のこと？

　「障害のある人」とは、どのような状態にある人のことでしょうか。例えば、日本には障害者手帳の制度があります。障害者手帳をもっていれば、社会から「障害のある人」として認められ、**社会的な支援**を受けやすくなります。一方で、日本はいくつかの法律で「障害のある人」を定義していますが、法律によっては障害者手帳をもっている人に限らず、「障害のある人」の範囲を広く規定しているものがあります。**障害者基本法**では「障害のある人」を障害者手帳の所持者等に限定していません。障害者手帳が証明するのは、心や身体のはたらきに"障害"があるかどうかです。ソーシャルワークが支援対象とするのは、心や身体のはたらきに"障害"があるだけでなく社会に潜むさまざまな「バリア（**社会的障壁**）」を経験し、継続的に制限を受ける状態にある人のことです。

社会に潜むバリア（社会的障壁）と合理的配慮の提供

　暮らしの場や社会の仕組みは、多くの場合、障害のない人（社会的多数派）の必要性や利便性に合わせてできています。そのため、障害のある人（社会的少数派）は暮らしのなかでさまざまなバリアを経験します。私たちがイメージしやすいのは車いすを利用する人にとっての段差など物理的な環境ですが、バリアには**制度**や**文化・情報**、個人の**価値観**や**規範**も含まれます。このようなバリアは、障害のある人がほかの人と平等にもっているはずの権利を脅かし、教育や労働など社会に参加しようとするあらゆる場面でその機会を奪います。このようなバリアを解消し、ともに生きる社会を目指すために、障害のある人の個別の状況に応じた変更や調整（**合理的配慮の提供**）が求められます。

第1章 ソーシャルワーカーって何をする人？

第2章 人々のライフサイクルと暮らしの課題

第3章 ソーシャルワークが挑む課題

第4章 ソーシャルワークの具体的な流れ

第5章 ソーシャルワーカーに求められること

第6章 ソーシャルワークが大切にしている理論やモデル

第7章 今、ソーシャルワーカーが身につけたい技術

ソーシャルワークが支援対象とする「障害のある人」

心や身体のはたらきの"障害"

- 身体障害のある人
- 知的障害のある人
- 精神障害のある人（発達障害や高次脳機能障害のある人を含む）
- その他の心身の機能の障害がある者（難病に起因する障害も含む）

心や身体のはたらきに"障害"がある人のうち障害者手帳をもっている人

| 身体障害者手帳 | 療育手帳 | 精神障害者保健福祉手帳 |

社会に潜む"バリア（社会的障壁）"

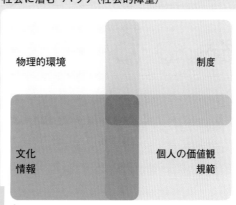

物理的環境 　　　制度

文化
情報 　　　個人の価値観
規範

障害のある人とは、 心や身体のはたらきの"障害" と 社会に潜む"バリア（社会的障壁）"

によって、継続的に日常生活または社会生活に相当な制限を受ける状態にある人

合理的配慮とは

私は○○の場面で△△の配慮を求めます。

障害の特性

配慮が求められる具体的な場面

技術の発展

社会情勢の変化

物理的環境への配慮

例）
- 車いす利用者のために段差に携帯スロープを設置する
- 高い所に陳列された商品を取って渡す

意思疎通の配慮

例）
- 筆談、読み上げ、手話などによるコミュニケーション
- わかりやすい表現を使って説明する

ルール・慣行の柔軟な変更

例）
- 障害の特性に応じた休憩時間の調整

07

障害のある人の暮らしを支えるソーシャルワーク

▶ 障害のある人の思いと暮らしの場の変化

　障害のある人たちは、「障害がない人たちと同じように地域のどこで誰と暮らすか選択したい」「特定の施設で生活することを強いられたくない」と声を上げてきました。そして、入所施設や精神科病院から地域へと暮らしの場が少しずつ移行してきています。

　ソーシャルワーカーは障害のある人の暮らしを支える障害福祉サービス事業所や行政機関、医療機関をはじめ、教育や労働、司法などさまざまな領域で活躍しています。

▶ 障害のある人から学び、社会変革を目指すソーシャルワーク

　医療やリハビリテーションにかかわる専門職は、心や身体のはたらきを改善するための治療やリハビリテーションを行います。一方、ソーシャルワーカーは、バリアを解消するため、障害のある人や関係者とともに社会の仕組みや人々の意識を変革していきます。そこでまず大切なことは、障害のある人が暮らしのなかで経験するバリアについて、障害のある人から教えてもらうことです。障害のない人は、障害がある人が経験するバリアになかなか気づくことができません。なぜならば、障害のない人は社会的多数派であるため、社会からすでに必要な配慮が行われ、バリアが解消されている場合が多いからです。障害のある人がバリアを解消するために求める変更や調整を「わがまま」「自分で何とかして」と退け、障害のある人にバリアの解消の責任を押しつけてしまうのは、自分がすでに社会から必要な配慮を得ていることやそれを得られる側にいることに気づいていないからかもしれません。障害のない人も環境によって、できることや力が発揮できることが変わってきます。つまり、バリアは程度の差があるだけですべての人に関係する問題なのです。

第1章 ソーシャルワーカーって何をする人?

第2章 人々のライフサイクルと暮らしの課題

第3章 ソーシャルワークが挑む課題

第4章 ソーシャルワークの具体的な流れ

第5章 ソーシャルワーカーに求められること

第6章 ソーシャルワークが大切にしている理論やモデル

第7章 今、ソーシャルワーカーが身につけたい技術

障害のある人の暮らしの場

障害がない人たちと同じように地域のどこで誰と暮らすか選択したい
特定の施設で生活することを強いられたくない

一人暮らしがしたい

パートナーとアパートで生活したい

入所施設

精神科病院

心や身体のはたらきの障害

車いすを利用しているAさん。目的地に向かう途中、階段しかない場所があり、進めなくなってしまいました。

心や身体のはたらきの障害

Aさんは車いすでエレベーターに乗り、目的地にたどり着きました。

社会的多数派にとっての配慮　Aさんにとってのバリア(社会的障壁)

社会的多数派への配慮。身体障害のない人も階段がなければ建物の2階など高いところには上がれません。

エレベーターが設置されていたら

「障害」

心や身体のはたらきの障害　バリア(社会的障壁)

を経験しているAさん

《注目したいポイント》
①Aさんの心や身体のはたらきは何も変わっていない
②Aさんを取り巻く環境が変化している
　具体的には、エレベーターが設置されることで、
　Aさんにとってのバリア(社会的障壁)が解消された

地域での安心した暮らしを支える

地域福祉における地域のとらえ方

社会福祉法第1条では、「地域における社会福祉」を「地域福祉」と規定しています。ここでいう地域は地理的範囲を意味する場合も多く、その地理的範囲には多様な設定があり、重層的にとらえることが大切です（右図参照）。

1層の自治会・町内会から5層の市町村域まで圏域に分けてとらえる必要があります。例えば、高齢者など活動範囲が限定される人については、3層の学区・校区までが徒歩圏内であり、行動の中心となります。一方、ソーシャルワーカーが主に支援範囲としてとらえるのは、4層の市町村の支所の圏域または5層の市町村全域となります。それは、サービス体制整備の圏域であるとともに、専門職の場合はクライエント（利用者）群を対象とするためです。

地域生活課題のとらえ方

一定の地理的範囲における人々の生活の営みを地域生活といいます。この地域生活上の課題を**地域生活課題**といいます。この地域生活課題は顕在化している課題と潜在化している課題に分けられます。顕在化している課題は本人自身が相談機関に相談するより身近な人が気づき、専門機関に相談することが多いです。一方、本人が課題を認識していない潜在化している課題の場合、課題が深刻化した後、相談機関に連絡が入る場合もあります。

どちらの課題においても、地域におけるつながりが重要です。つながりには、強いつながりと弱いつながりがあります。今日の地域社会はつながりが希薄化していますが、弱いつながりを求めている人が多いといわれています。そのため、地域におけるつながりづくり、つながりの再構築が重要となっています。

地域とつながる 図

第1章 ソーシャルワーカーって何をする人？

第2章 人々のライフサイクルと暮らしの課題

第3章 ソーシャルワークが挑む課題

第4章 ソーシャルワークの具体的な流れ

第5章 ソーシャルワーカーに求められること

第6章 ソーシャルワークが大切にしている理念やモデル

第7章 今、ソーシャルワーカーが身につけたい技術

重層的な圏域設定のイメージ （ある自治体を参考に作成したものであり、地域により多様な設定があり得る）

県域・広域
県の機関・広域の利用施設・市町村間で共用するサービス等

児童相談所など

5層：市町村全域
市町村全域を対象とした総合的な施策の企画・調整をする範囲
※市町村全域を対象とした公的機関の相談・支援

地域包括支援センター
障害者相談支援事業所
福祉事務所
社会福祉協議会など

4層：市町村の支所の圏域
総合相談窓口や福祉施設がある範囲
※公的な相談と支援をブランチで実施

地域包括支援センターのブランチなど

3層：学区・校区の圏域
住民自治活動（公民館等）の拠点施設がある範囲
※住民の地域福祉活動に関する情報交換・連携・専門家による支援・活動計画の作成や参加

2層：自治会・町内会の圏域
自治会・町内会の範囲
※自治会・町内会の防犯・防災活動、民生委員活動、ふれあいいきいきサロン等の日常的支援の実施

地域福祉推進の地区レベルのプラットホーム
（住民自治協議会福祉部 地区社会福祉協議会など）

1層：自治会・町内会の組・班の圏域
要支援者の発見、見守、災害時支援の基礎的な範囲
※見守りネットワーク活動などの実施

つながりをつくるソーシャルワーカー

住民

ソーシャルワーカー

強いつながり ────
弱いつながり - - - -

ソーシャルワーカーがつながる場づくりやつながるためのしかけを住民とともに考え、つくる

09

地域での安心した暮らしを
支えるソーシャルワーク

地域における支援対象

　地域で生活している人は、一人暮らし世帯、高齢者世帯、ひとり親世帯、外国籍の人
など多様です。このような構成のなかで、老老介護、80歳代の親が50歳代の子どもの
面倒をみている8050問題、ヤングケアラーなど複合的な課題を抱えている人がいます。
自ら支援を求めない（求められない）人も多くいますが、これらすべての人が支援の対
象となります。

地域福祉とは

　地域福祉とは、一定の地理的範囲において一人ひとりの住民の人権が尊重されたうえ
で、互いに助け合いながら幸せな生活を実現する取り組みといえます。そのためには、
住民同士のつながりが必要であり、つながるための場づくりが重要となります。つまり、
住民が自主的・主体的につながり、地域全体が一体となることが理想です。このことを
地域組織化といいます。このつながりにより生活課題を抱えた人を早期に発見し、助け
合い支援することも可能となります。

　ソーシャルワーカーは地域の特性を理解し、それぞれの地域に応じた人のつながりを
つくるための場やしかけを住民と一緒に考え、活動することが求められます。

　その具体例としては**子ども食堂**があります（右図参照）。子ども食堂は、ひとり親世
帯や家庭に課題を抱えた子ども達に食事を提供することと交流する場を目的として開催
しています。食事づくりなどボランティア・地域住民等が主体で行っており、活動を通
して、新たな地域生活課題が見つかることもあります。

第1章　ソーシャルワーカーって何をする人？

第2章　人々のライフサイクルと暮らしの課題

第3章　ソーシャルワークが挑む課題

第4章　ソーシャルワークの具体的な流れ

第5章　ソーシャルワーカーに求められること

第6章　ソーシャルワークが大切にしている理論やモデル

第7章　今、ソーシャルワーカーが身につけたい技術

子ども食堂と地域福祉の機能

地域を基盤とした課題解決
・助け合い
・支え合い
・見守り　等

住民主体の取り組み
・交流する場づくり
・登下校の見守り
・学習支援
・生活相談　等

潜在的なニーズの抽出
・母親の就労不安
・子どもの発達課題
・ヤングケアラー
・虐待
・ワーキングプアー等

顕在化されたニーズ
・孤独
・不登校
・居場所がない等

地域における住民活動の例

小学校区よりも狭い圏域で**サロン活動**が展開されています。サロンとは、一人暮らし高齢者などが交流を目的に集まる場のこと。開催は週1回程度から月1回程度で、サロンによって頻度は異なります。町内会・自治会などの小地域圏域でのつながりづくりの場といえます。

このつながりを通してサロン以外でも交流が生まれたり、サロンのお手伝いをするボランティア住民のかかわりが生まれたり、子どもが参加し、多世代で交流を行ったりしているところもあります。理想としては、定期的に地域住民が多世代で交流することで互いを知り、地域住民みんながつながることです。

10 被害者の暮らしを支える

被害者とは

「被害者」とは、刑事訴訟法第230条では「犯罪により害を被った者」を指しており、さまざまな事件、事故により被害を受けた人の総称です。ＤＶや虐待を受けた人も被害者です。原発等に絡んだ人災に近いものであれば被災者も被害者の側面が出てきます。

被害者の暮らしの影響

被害を受けた場合、さまざまな影響が出てくることが知られています。

（１）**心身の異変**：急性ストレス障害（ASD）からはじまり、心的外傷後ストレス障害（PTSD）、うつ病、睡眠障害の罹患などが生じることがあります。

（２）**日常生活の変化**：学校や職場に行けなくなったり、家族関係に亀裂が入ったりすることがあります。

（３）**経済的なダメージ**：医療費や裁判に伴う費用等で家計を逼迫することがあります。

（４）**司法の関与**：事情聴取や裁判所への証人としての出廷などを求められることがあります。いずれも、被害者には負担となります。

被害者の権利

被害者の権利として「知る権利」「被害から回復する権利」「刑事司法に参加する権利」があるとされます。保健・福祉の制度・サービス活用であれば、「被害から回復する権利」に対するアプローチが中心となります。「知る権利」や「刑事司法に参加する権利」を保障しようとすると、司法関係者（弁護士、検察、裁判所）と連携しながら、被害者の思いを代弁したり、調整したりするなどのかかわりが大切になっていきます。

被害者の心・日常生活・社会生活の問題

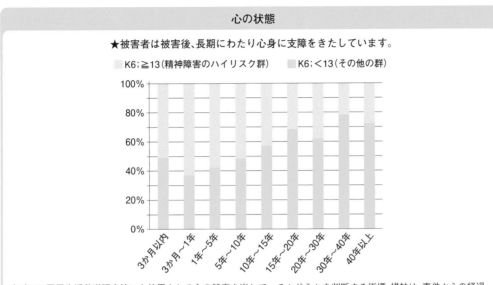

心の状態

★被害者は被害後、長期にわたり心身に支障をきたしています。

K6；≧13（精神障害のハイリスク群）　　K6；＜13（その他の群）

（※）K6：国民生活基礎調査等にも使用される心の健康を崩しているかどうかを判断する指標。横軸は、事件からの経過月・年を指しています。

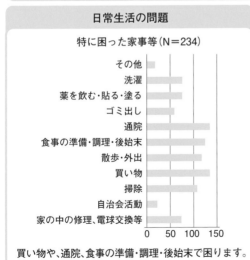

日常生活の問題

特に困った家事等（N＝234）

その他
洗濯
薬を飲む・貼る・塗る
ゴミ出し
通院
食事の準備・調理・後始末
散歩・外出
買い物
掃除
自治会活動
家の中の修理、電球交換等

買い物や、通院、食事の準備・調理・後始末で困ります。

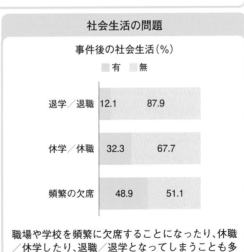

社会生活の問題

事件後の社会生活（%）

有　無

	有	無
退学／退職	12.1	87.9
休学／休職	32.3	67.7
頻繁の欠席	48.9	51.1

職場や学校を頻繁に欠席することになったり、休職／休学したり、退職／退学となってしまうことも多いです。

出典：大岡由佳・大塚淳子・岸川洋紀・中島聡美「犯罪被害者等の実態から見えてくる暮らしの支援の必要性―511名の犯罪被害者のWEB実態調査結果から」『厚生の指標』第63巻第11号、pp. 23-31、2016年をもとに作成

第 1 章 ソーシャルワーカーって何をする人？

第 2 章 人々のライフサイクルと暮らしの課題

第 3 章 ソーシャルワークが挑む課題

第 4 章 ソーシャルワークの具体的な流れ

第 5 章 ソーシャルワーカーに求められること

第 6 章 ソーシャルワークが大切にしている理論やモデル

第 7 章 今、ソーシャルワーカーが身につけたい技術

11 被害者の暮らしを支える ソーシャルワーク

■ ソーシャルワーカーが働く場

　被害者支援分野で、ソーシャルワーカーが働く場は、大きく①地方公共団体と②民間団体に分けられます。①地方公共団体では、犯罪被害者等基本法に基づく基本計画によって設置が促された犯罪被害者等のための総合的対応窓口があります。多くはないですが、社会福祉士や精神保健福祉士、公認心理師を配置している地方自治体が出てきています。②民間団体では、犯罪被害全般の相談にのる「民間被害者支援団体」があります。また、近年**「性犯罪・性暴力被害者のためのワンストップ支援センター」**が全都道府県に設置され、医療機関のなかに支援センターを置いているところもあります。

■ ソーシャルワーカーの役割

　ソーシャルワーカーの役割は、働く場によって異なりますが、犯罪被害者に寄り添い、話を聞くなかで被害者の状況を整理し、他機関に向けて被害者の意向を代弁することなどです。平穏に暮らす権利を奪われた人々の回復へのサポートが欠かせません。具体的には、弁護士事務所や裁判の法廷に同行支援をすることがあります。右図にあるような、刑事司法手続きを熟知し、支援のコーディネートを行うことが求められています。

■ 他職種との相違点

　被害者支援自体は、日本においては民間団体で形づくられました。そのため、本分野で働く相談員は、研修を積んだ一般市民が対応にあたることが多い現状にあります。ソーシャルワーカーは、さまざまな社会資源・制度を熟知し、アウトリーチやソーシャルアクションを行うところにその独自性があります。

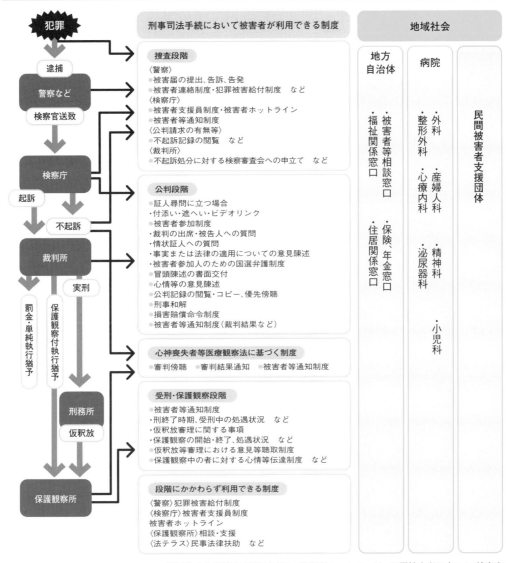

被害者を取り巻く刑事事件の流れと関係機関

刑事司法手続において被害者が利用できる制度

捜査段階

〈警察〉
・被害届の提出、告訴、告発
・被害者連絡制度・犯罪被害給付制度　など
〈検察庁〉
・被害者支援員制度・被害者ホットライン
・被害者等通知制度
〈公判請求の有無等〉
・不起訴記録の閲覧　など
〈裁判所〉
・不起訴処分に対する検察審査会への申立て　など

公判段階

・証人尋問に立つ場合
・付添い・遮へい・ビデオリンク
・被害者参加制度
・裁判の出席・被告人への質問
・情状証人への質問
・事実または法律の適用についての意見陳述
・被害者参加人のための国選弁護制度
・冒頭陳述の書面交付
・心情等の意見陳述
・公判記録の閲覧・コピー、優先傍聴
・刑事和解
・損害賠償命令制度
・被害者等通知制度（裁判結果など）

心神喪失者等医療観察法に基づく制度

・審判傍聴　　・審判結果通知　　・被害者等通知制度

受刑・保護観察段階

・被害者等通知制度
・刑終了時期、受刑中の処遇状況　など
・仮釈放審理に関する事項
・保護観察の開始・終了、処遇状況　など
・仮釈放等審理における意見等聴取制度
・保護観察中の者に対する心情等伝達制度　など

段階にかかわらず利用できる制度

〈警察〉犯罪被害給付制度
〈検察庁〉被害者支援員制度
被害者ホットライン
〈保護観察所〉相談・支援
〈法テラス〉民事法律扶助　など

地域社会

地方自治体
・被害者等相談窓口
・福祉関係窓口
・保険、年金窓口
・住居関係窓口

病院
・外科
・整形外科
・心療内科
・産婦人科
・精神科
・泌尿器科
・小児科

民間被害者支援団体

刑事事件の流れ

犯罪
↓
逮捕
↓
警察など
↓
検察官送致
↓
検察庁
↓（起訴）→ 裁判所 →（実刑）→ 刑務所 →（仮釈放）→ 保護観察所
↓（不起訴）
・罰金・単純執行猶予
・保護観察付執行猶予 → 保護観察所

（参考）成人犯罪者の処遇の流れ：検察庁ホームページ　犯罪被害者の方々へ：検察庁

出典：公益社団法人日本精神保健福祉士協会司法精神保健福祉委員会編「生きづらさを抱えた人々の権利を守るためにSW ができること『加害者（犯罪をした人）／被害者（犯罪被害にあった人）のこと知っていますか」」p.1、2020年を一部改変

12

罪を犯した人の暮らしを支える

■ ソーシャルワーカーが出会う罪を犯した人とは

　ソーシャルワーカーが出会う罪を犯した人たちは、未成年から高齢者までさまざまで、事件の捜査段階から裁判や審判（少年事件の場合）中の人、刑務所などの矯正施設から出所する人など状況も異なります。近年は高齢者の犯罪が増え、刑務所は高齢者施設のようになっているところもあるといいます。また、障害のある人の犯罪もクローズアップされてきています。刑務所にいる受刑者には知的障害者や知的障害の疑いがある人が多くいるというデータもあります。凶悪な事件よりも、誤って人を傷つけてしまった傷害や万引きを含めた窃盗が多く、高齢者で検挙された7割の人たちは窃盗であり、生きづらさや生活上の困難さが理由といわれています。刑務所などから出てもまた同じことを繰り返してしまう課題もあります。

■ なぜ罪を犯してしまうのか

　ソーシャルワーカーが出会う罪を犯した人たちの多くには、さまざまな「生きにくさ」があります。身体的または精神的虐待、育児放棄等による幼少期からの育ちの環境不全や家族の崩壊、疾患や障害に対する理解不足、いじめや偏見・差別などを受けた経験、貧困や適切な医療・支援につながれないことなどです。知的障害や発達障害のある人たちのなかには障害が見逃され、人や社会とのうまい付き合い方ができないまま成人する人もいます。これらの「生きづらさ」が絶望感や無力感を与え、さらに孤立や孤独感がマイナスな思考や行動を引き起こすこともあります。これらの人たちは、生活の困難さや疾患、障害とうまく付き合うことができず罪を犯しているのです。そこで、ソーシャルワーカーは、生活の立て直しや生き直しの支援を行っていきます。

刑法犯の年齢構成

刑法犯 検挙人員（年齢層別）・高齢者率の推移（総数・女性別）

（平成14年～令和3年）

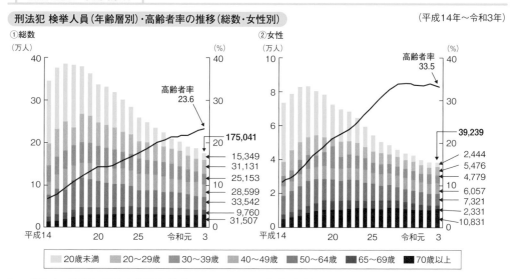

注1　警察庁の統計及び警察庁交通局の資料による。　2　犯行時の年齢による。
　3　平成14年から26年は、危険運転致死傷を含む。
　4　「高齢者率」は、総数及び女性の各刑法犯検挙人員に占める高齢者の比率をいう。
刑法犯の約1/4が高齢者で、女性の場合、65歳以上が約1/3という結果が示されている。

刑法犯 高齢者の検挙人員の罪名別構成比（男女別）

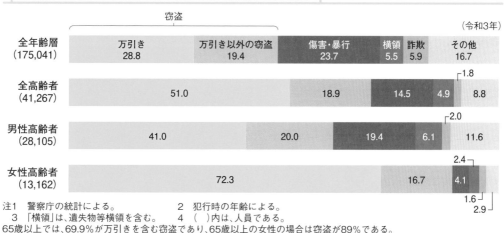

注1　警察庁の統計による。　2　犯行時の年齢による。
　3　「横領」は、遺失物等横領を含む。　4　（　）内は、人員である。
65歳以上では、69.9％が万引きを含む窃盗であり、65歳以上の女性の場合は窃盗が89％である。

13

罪を犯した人の暮らしを支えるソーシャルワーク

▶ 罪を犯した人が出会うソーシャルワーカーと支える場

　近年、司法と福祉の連携が進められており、ソーシャルワーカーは、矯正施設（刑務所や少年院）にも配置されています。高齢者や障害のある人などの出所（少年は出院）後の社会復帰や必要な医療につなげていく福祉的支援を行っています。その際に、各都道府県にある**地域生活定着支援センター**のソーシャルワーカー等が、住む場やサポート体制をつくっていく**「特別調整（出口支援）」**を行うことがあります。また、被疑者・被告人段階でソーシャルワーカーと弁護士等が連携する**「入口支援」**があります。本来、生活が安定していれば罪を犯すことはなかったという考え方から、刑務所に入るのではなく本人に必要な福祉や医療の支援を考えて、生き直しの手伝いをしていくものです。

　その他、少年事件や重大な犯罪に関与した精神障害者の社会復帰を支援する**社会復帰調整官**などもソーシャルワーカーとして、活躍しています。

▶ 支援の視点

　ソーシャルワーカーは「犯罪」にだけ目を向けるのではなく、本人がなぜその罪を犯さざるを得なかったのかという視点で考えることが大切です。BPS（生物・心理・社会）モデル（p.154参照）によって本人を理解していきます。そして、生活や医療のサポート体制が整い、本人の望む安心して暮らすことができる環境づくりがソーシャルワーカーの役割であり、それが罪を犯した人の生き直しにつながっていきます。ただし、司法領域で出会う人たちは、信頼できる支援者と出会えず、安心感のある暮らしができなかったことから、警戒感やあきらめの気持ちが強く、信頼関係を築くことが難しいこともあります。それでも、ソーシャルワーカーは根気よくかかわり続けることが重要です。

矯正施設に配置されているソーシャルワーカー

（2018〜2022年度）

区分	矯正施設の別	2018年度	2019年度	2020年度	2021年度	2022年度
社会福祉士	刑事施設 少年院	70 18	69 18	69 18	68 22	67 21
精神保健 福祉士	刑事施設 少年院	8 2	8 2	8 2	8 2	8 2
福祉専門官	刑事施設 少年院	48 3	56 3	58 8	58 9	57 10

注1　法務省資料による。
　2　刑事施設は、PFI手法により運営されている施設を除く。

高齢または障害により自立困難な受刑者等の特別調整について

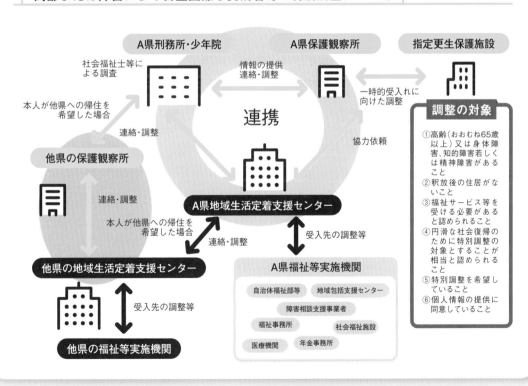

14

高齢者の暮らしを支える

多岐にわたるソーシャルワークの対象者

ソーシャルワークによる支援の対象は、介護保険制度の要介護認定を受けた介護や支援を必要とする高齢者から、比較的元気な高齢者まで幅広いです。**フレイル状態**（介護が必要となる前の心身が老い衰えた状態。早い段階で適切な対応をすることで回復できる状態でもある）にある高齢者の場合は、要支援状態、要介護状態に陥らないように予防を意識して日常生活の支援を行います。また、高齢者自身からは求めはないが、人権擁護の観点から支援が必要と考えられる、**セルフネグレクト**（基本的な生活のニーズを満たす能力や意志に欠け、自分の身体的、精神的健康を自ら害する状態。医療や食事、衛生面で健康を維持するための行動をとらないのが特徴で、孤立した高齢者や障害者によくみられる）や**ひきこもり**の状態にある高齢者も支援の対象です。さらに、自然災害の多い日本では、災害発生時に自力で避難が困難な高齢者も支援の対象となります。

介護者や同一世帯員も支援の対象

支援の対象は高齢者だけにとどまりません。高齢者を介護している家族や同一世帯の人も、支援の対象となることがあります。

高齢者などの介護を支える介護保険制度は、「家族による介護は限界にきている。介護の社会化が必要！」との理由から、2000（平成12）年より始まりました。しかしながら、その後も介護を担う家族の負担は解消されることなく、現在に至っています。また、近年では、高齢者と同居している「ひきこもり」の人や病気、障害のある人、何らかの生活課題を抱えた人も新たな支援の対象として、注目されています。

支援対象者の例

- 要介護高齢者等：介護保険給付サービスの対象となる要介護状態もしくは要支援状態にある高齢者
- 要援護高齢者：災害発生時に自力での避難が困難な高齢者
- フレイル状態にあるなどの予防の対象となる高齢者
- 在宅で介護している家族：特に深刻なのが「老々介護」「認認介護」「ダブルケア」「ヤングケアラー」の問題
- 8050問題などにみられる高齢者と同居している50歳前後の「ひきこもり」の人
- 要介護高齢者等が、親として世話してきた病気や障害の人。親の高齢化、要介護状態などにより、世話を受けられなくなってしまった状態の人
- 配偶者の死や子どもの巣立ちなどにより、地域で孤立し、セルフネグレクトの状態にある高齢者

高齢者等の暮らしと自己実現を支えるソーシャルワーク

目標

高齢者や家族介護者などの望む生活・人生を自己実現すること
本人の自己決定を支援し、もてる力（健康な能力など）を活用して、本人が望む生活を継続できるように支援していきます。

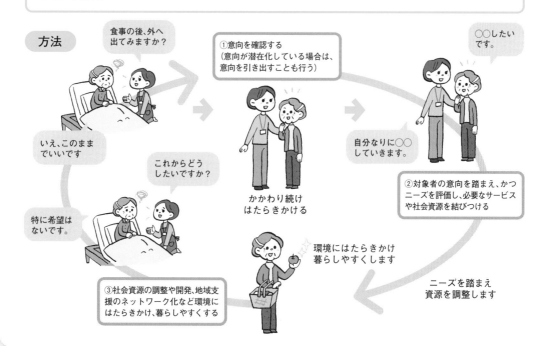

第1章 ソーシャルワーカーって何をする人？

第2章 人々のライフサイクルと暮らしの課題

第3章 ソーシャルワークが挑む課題

第4章 ソーシャルワークの具体的な流れ

第5章 ソーシャルワーカーに求められること

第6章 ソーシャルワークが大切にしている理論やモデル

第7章 今、ソーシャルワーカーが身につけたい技術

15

高齢者の暮らしを支える
ソーシャルワーク

介護の現場で働くソーシャルワーカー

　介護の現場に従事するソーシャルワーカーは、施設や地域で働いています。施設には、高齢者が余生を送る**特別養護老人ホーム**があり、そこでは**生活相談員**として働いています。また、家庭での暮らしの復帰を目指して療養する**介護老人保健施設**では、**支援相談員**として働いています。高齢者の自己実現を図るために介護職をはじめとするさまざまな専門職および家族などと協力して働きます。

　地域で暮らす高齢者の相談機関である**地域包括支援センター**では、社会福祉士が保健師、主任介護支援専門員とともに働いており、主に**権利擁護**に関する支援を担っています。ここでも、社会福祉士は高齢者の抱えるニーズに応じて多職種や家族などと適切に連携・協働して働きます。その他、介護の支援に関するケアマネジメントを行う居宅介護支援事業所には介護支援専門員の職務に従事するソーシャルワーカーもいます。

医療の現場で働くソーシャルワーカー

　高齢者の多くが何らかの疾患を抱えています。高齢者の入院治療を行う病院では、ソーシャルワーカーが入退院に関するさまざまな相談を受け、支援しています。一口に病院といっても、さまざまな機能をもった病床に分かれています。例えば、地域包括ケア病床などを含む**一般病床**、介護保険制度にもとづく**介護医療院**などがあります。また、認知症の人の治療は、精神科病院や精神科診療所が担っています。一般病床で働く場合は社会福祉士、精神科医療の現場で働く場合には精神保健福祉士の国家資格が必須です。

　医療の現場では、患者や家族のニーズに応じて、医師をはじめ看護師や薬剤師、リハビリテーションの専門職などとともにチームで支援をしています。

介護や医療の現場で高齢者の暮らしを支えるソーシャルワーカー　図

第1章 ソーシャルワーカーって何をする人？

第2章 人々のライフサイクルと暮らしの課題

第3章 ソーシャルワークが挑む課題

第4章 ソーシャルワークの具体的な流れ

第5章 ソーシャルワーカーに求められること

第6章 ソーシャルワークが大切にしている理論やモデル

第7章 今、ソーシャルワーカーが身につけたい技術

介護の現場で働くソーシャルワーカー

●入院・入所施設

根拠となる法律	施設の名称	職名
老人福祉法	特別養護老人ホーム	社会福祉士
介護保険法	介護老人保健施設	支援相談員
介護保険法	介護医療院 （1）医療機関併設型介護医療院 （2）併設型小規模介護医療院	介護支援専門員

●地域での暮らしを支える機関・事業所

根拠となる法律	施設の名称	職名
介護保険法	地域包括支援センター	社会福祉士
介護保険法	居宅介護支援事業所	介護支援専門員 介護支援専門員の資格を取得するには、社会福祉士や精神保健福祉士等として現場に従事した経験が5年以上必要

医療の現場で働くソーシャルワーカー

●高齢者が病気になったとき、治療やリハビリテーションを受けるために入院する施設

根拠となる法律	病床の機能	働くための要件
医療法	高度急性期病床 急性期病床 回復期リハビリテーション病床 地域包括ケア病床 療養病床	社会福祉士の国家資格が必要

●認知症の高齢者が、治療やリハビリテーションを受けるために利用する施設

根拠となる法律	病床の機能	働くための要件
医療法 精神保健及び精神障害者福祉に関する法律	認知症治療病棟 認知症療養病棟 重度認知症デイケア	精神保健福祉士の国家資格が必要

第2章参考文献

- 飯野由里子・星加良司・西倉実季『「社会」を扱う新たなモード ――「障害の社会モデル」の使い方』生活書院、2022年
- 内閣府「合理的配慮等具体例データ集　合理的配慮サーチ」https://www8.cao.go.jp/shougai/suishin/jirei/index_general.html（最終アクセス2023年7月1日）
- 愛媛県保健福祉部生きがい推進局障がい福祉課「心のバリアフリー 愛顔の接遇マニュアル」令和2年
- 厚生労働省「これからの地域福祉のあり方に関する研究会報告書」
- 法務省「令和4年版犯罪白書」
- 法務省「令和4年版再犯防止推進白書」

ソーシャルワークが挑む課題

——SDGsとのかかわり

01

SDGsとソーシャルワークの関係って？

■ SDGsの目標はソーシャルワークが追求すべき課題

　SDGs（持続可能な開発目標：Sustainable Development Goals）は、2015年9月の国連サミットの場で加盟国が採択した、2030年までに持続可能であり、かつよりよい世界を目指すための国際的な目標のことです。「誰一人取り残さない」世界の実現に向けて、17のゴールとそれを達成するための169の課題（タスク）を設定しています。

　その課題のなかには、「あらゆる場所のあらゆる形態の貧困を終わらせる（目標1）」、「すべての人々への包摂的かつ公正な質の高い教育を提供し、生涯学習の機会を促進する（目標4）」、「ジェンダー平等を達成し、すべての女性及び女児の能力強化を行う（目標5）」、「持続可能な開発のための平和で包摂的な社会を促進し、すべての人々に司法へのアクセスを提供し、あらゆるレベルにおいて効果的で説明責任のある包摂的な制度を構築する（目標16）」など、ソーシャルワークが追求すべきものがあります。

■ SDGsの目標はソーシャルワークが追求すべき課題

　先述のとおり、ソーシャルワークの対象は、暮らしの困難を経験する人と、人が直接かかわる環境へのはたらきかけにとどまらず、暮らしの困難のもとになる、差別や不平等、排除や格差などを生み出す社会の構造の変革にまで及びます。

　一方、SDGsは、貧困、教育の格差、ジェンダーにかかわる差別や不平等、健康や福祉の格差など、人のウェルビーイングの追求を阻害する社会的な課題に取り組むことを目標にしています。この目標は、ソーシャルワークが追求する社会の変革にかかわる課題と一致します。つまり、ソーシャルワークで用いられる知識や技術とそれを支える価値観は、SDGsの目標達成に向けた取り組みを進めるうえで、不可欠な要素といえます。

第1章　ソーシャルワーカーって何をする人？

第2章　人々のライフサイクルと暮らしの課題

第3章　ソーシャルワークが挑む課題

第4章　ソーシャルワークの具体的な流れ

第5章　ソーシャルワーカーに求められること

第6章　ソーシャルワークが大切にしている理論やモデル

第7章　今、ソーシャルワーカーが身につけたい技術

目標1	あらゆる場所のあらゆる形態の貧困を終わらせる
	課題（タスク）（一部）

1.1　2030年までに、現在1日1.25ドル（160円程度）未満で生活する人々と定義されている極度の貧困をあらゆる場所で終わらせる

1.2　2030年までに、各国定義によるあらゆる次元の貧困状態にある、全ての年齢の男性、女性、子供の割合を半減させる

目標4	すべての人々への包摂的かつ公正な質の高い教育を提供し、生涯学習の機会を促進する
	課題（タスク）（一部）

4.1　2030年までに、全ての子供が男女の区別なく、適切かつ効果的な学習成果をもたらす、無償かつ公正で質の高い初等教育及び中等教育を修了できるようにする

目標5	ジェンダー平等を達成し、すべての女性及び女児の能力強化を行う
	課題（タスク）（一部）

5.c　ジェンダー平等の促進、並びに全ての女性及び女子のあらゆるレベルでの能力強化のための適正な政策及び拘束力のある法規を導入・強化する

目標16	持続可能な開発のための平和で包摂的な社会を促進し、すべての人々に司法へのアクセスを提供し、あらゆるレベルにおいて効果的で説明責任のある包摂的な制度を構築する
	課題（タスク）（一部）

16-1　あらゆる場所において、すべての形態の暴力及び暴力に関連する死亡率を大幅に減少させる

16-2　子どもに対する虐待、搾取、取引及びあらゆる形態の暴力及び拷問を撲滅する

16-7　あらゆるレベルにおいて、対応的、包摂的、参加型及び代表的な意思決定を確保する

02

「貧困をなくそう」にかかわる福祉課題とソーシャルワーク

■「貧困をなくそう（目標1）」にかかわる日本の状況

　SDGs の目標である「貧困をなくそう（目標1）」は、あらゆる場所からあらゆる形の「貧しい暮らし」をなくして、すべての人が基本的な生活水準を獲得、維持できるようにすることを課題としています。ところで、貧困には、国や地域の生活水準に関係なく、生存に必要な生活水準が満たされていない状態にある**「絶対的貧困」**と、同じ国や地域における生活水準と照らしたときに貧しい状態にある**「相対的貧困」**があります。日本を含む先進国では、貧困の指標として「相対的貧困」が多く用いられます。日本の相対的貧困率は15.4％であり、OECD 加盟38か国のなかではワースト8位となっています。つまり、日本は、先進国のなかでも相対的貧困率が高く、経済的に厳しい暮らしを余儀なくされている人が多い国であるといえます。

■「貧困をなくそう（目標1）」にかかわる福祉課題とソーシャルワーク

　日本における貧困の問題は、①非正規雇用など不安定な就労によって安定した賃金を得られない人の増加、②少子高齢化による年金制度の問題により十分な年金収入を得られない人の増加、③光熱費、住宅費などの高騰による生活費の増大、④教育の格差、⑤障害者や高齢者、外国人など社会的に立場の弱い人に対する差別や排除、などいくつもの要因が相互に影響し、貧困を生みやすい社会の構造を形成しています。

　ソーシャルワークは、貧困の状態にある人や貧困に陥るリスクの高い人に対して、その状況から脱するように個人と環境の双方にはたらきかけるとともに、貧困を生み出す社会の構造を変革することが求められます。ここでは、「子どもと家庭の貧困」「住居を失う貧困」を取り上げ、その現状とソーシャルワークによる取り組みを紹介します。

日本における貧困率の推移

(単位：%)

	1988 (昭和63) 年	1991 (平成3) 年	1994 (6)	1997 (9)	2000 (12)	2003 (15)	2006 (18)	2009 (21)	2012 (24)	2015 (27)	2018(30) 新基準	2021 (令和3)年 新基準
相対的貧困率	13.2	13.5	13.8	14.6	15.3	14.9	15.7	16.0	16.1	15.7	15.4	15.7	15.4
子どもの貧困率	12.9	12.8	12.2	13.4	14.4	13.7	14.2	15.7	16.3	13.9	13.5	14.0	11.5
子どもがいる現役世帯	11.9	11.6	11.3	12.2	13.0	12.5	12.2	14.6	15.1	12.9	12.6	13.1	10.6
大人が一人	51.4	50.1	53.5	63.1	58.2	58.7	54.3	50.8	54.6	50.8	48.1	48.3	44.5
大人が二人以上	11.1	10.7	10.2	10.8	11.5	10.5	10.2	12.7	12.4	10.7	10.7	11.2	8.6

(単位：万円)

中央値(a)	227	270	289	297	274	260	254	250	244	244	253	248	254
貧困線(a/2)	114	135	144	149	137	130	127	125	122	122	127	124	127

注：1) 貧困率は、OECDの作成基準に基づいて算出している。
　　2) 大人とは18歳以上の者、子どもとは17歳以下の者をいい、現役世帯とは世帯主が18歳以上65歳未満の世帯をいう。
　　3) 等価可処分所得金額不詳の世帯員は除く。
　　4) 1994(平成6)年の数値は、兵庫県を除いたものである。
　　5) 2015(平成27)年の数値は、熊本県を除いたものである。
　　6) 2018(平成30)年の「新基準」は、2015年に改定されたOECDの所得定義の新たな基準で、従来の可処分所得から更に「自動車税・軽自動車税・自動車重量税」、「企業年金の掛金」及び「仕送り額」を差し引いたものである。
　　7) 2021(令和3)年からは、新基準の数値である。

OECD加盟国における相対的貧困の状況と日本の位置

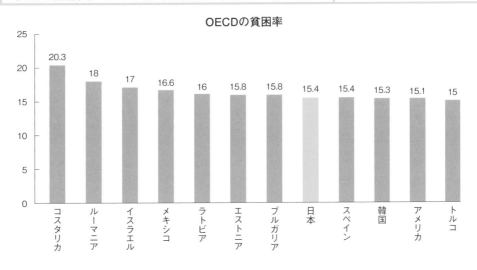

OECDの貧困率

03

「子どもと家庭の貧困」の問題

▶ 子どもの貧困の現状

　家庭が経済的に困窮することで、子どもがほかの子どもと同様の経験をすることができず、子どもの成長にとって不利になってしまうことが指摘されています。この問題を**「子どもの貧困」**と呼び、その解消を図るための取り組みが進められています。

　子どもの貧困の現状について、厚生労働省が発表している国民生活基礎調査をみると、2021（令和3）年における子どもの貧困率（**相対的貧困率**）は11.5％でした。特に、「大人が1人」の相対的貧困率（主としてひとり親家庭が含まれる）は44.5％と高くなっているのが日本の特徴です。

▶ 子どもの貧困による影響

　2021（令和3）年12月に内閣府から「子供の生活状況調査の分析 報告書」が公表されました。そのなかで、進学の展望に関する質問に対し、「大学またはそれ以上」と回答した割合が全体では50.1％であったのに対して、収入が中央値の2分の1未満の世帯では25.9％、母子世帯では32.2％と相対的に低くなっていました。進学について高校までと考える理由としては、「家庭の経済的状況から考えて」という回答が中央値の2分の1未満の世帯で44.4％、母子世帯で48.9％でした。

　子どもの貧困問題は、現在の生活上のさまざまな支障となって現れているとともに、将来の希望を制約し、子どもの将来にも影響を与えることを見て取ることができます。

貧困率の年次推移

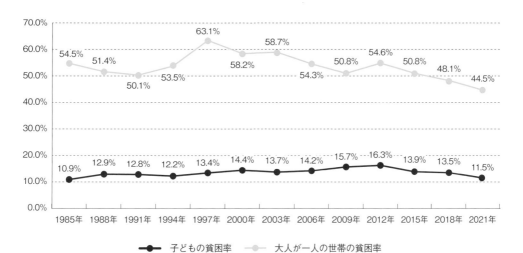

	1985年	1988年	1991年	1994年	1997年	2000年	2003年	2006年	2009年	2012年	2015年	2018年	2021年
大人が一人の世帯の貧困率	54.5%	51.4%	50.1%	53.5%	63.1%	58.2%	58.7%	54.3%	50.8%	54.6%	50.8%	48.1%	44.5%
子どもの貧困率	10.9%	12.9%	12.8%	12.2%	13.4%	14.4%	13.7%	14.2%	15.7%	16.3%	13.9%	13.5%	11.5%

● 子どもの貧困率 　　○ 大人が一人の世帯の貧困率

子どもの貧困が子どもに与える影響

子どもの貧困

↓

子どもの健康状態の悪化・子どもの低学力
進路や就職の制約・対人関係の狭まり

↓

見通しや希望の制約

↓

貧困と不利の再生産

第1章 ソーシャルワーカーって何をする人？
第2章 人々のライフサイクルと暮らしの課題
第3章 ソーシャルワークが挑む課題
第4章 ソーシャルワークの具体的な流れ
第5章 ソーシャルワーカーに求められること
第6章 ソーシャルワークが大切にしている理論やモデル
第7章 今、ソーシャルワーカーが身につけたい技術

04

「子どもと家庭の貧困」の問題とソーシャルワーク

国による対策

　子どもの貧困が社会問題となるなか、2013（平成25）年に**「子どもの貧困対策の推進に関する法律」**が制定されました。その後、国は「子供の貧困対策に関する大綱」を決定して施策を推進してきました。その対策は、教育の支援、生活の安定のための支援、保護者に対する就労の支援、経済的支援のそれぞれの領域で行われてきました。今後は2023（令和５）年に策定される**こども大綱**により施策が進められます。

　子どもの貧困を解消するためには、具体的な状況を調査し、目標を定め、子どもや支援者の意見を聞きながら取り組んでいくことが求められます。そして、子どもと家庭の生活に経済的な支援をすることが必要で、そのための予算を確保しなければなりません。これは「未来への投資」ともいわれ、将来暮らしやすい社会にするためにも重要です。

地域における支援の取り組み

　現在、子どもの貧困問題の解消を目指したさまざまな活動が各地域で展開されています。子どもがお金を気にせず学習する場をつくるための**無料学習支援**、子どもの生活を応援するための**子ども食堂**、そして子どもが安心して過ごし、人とのつながりをつくっていける**子どもの居場所づくり**などが挙げられます。

　こうした取り組みは、地域の住民が地域の子どもたちを支えようとボランティアとして始めたものが多く、子どもとその保護者にとって身近なサポートとなっています。これらの活動を通して、子どもや家族が抱える困難を少しでも解消することにつながるように、それぞれの地域で子どもの貧困問題への認識を深め、地域に応じた創意工夫のある取り組みを展開していく必要があります。

子どもの貧困対策の内容

目的

- 現在から将来にわたり、すべての子どもたちが夢や希望をもてる社会を目指す
- 子育てや貧困を家庭のみの責任とせず、子どもを第一に考えた支援を包括的・早期に実施

重点施策

教育の支援	生活の安定のための支援
幼児教育・保育の無償化、スクールソーシャルワーカーの配置増など	生活困窮世帯の子どもの生活支援、保護者の育児負担の軽減など

保護者に対する就労の支援	経済的支援
ひとり親家庭の親への就労支援、学び直しの支援など	養育費の確保の推進、教育費負担の軽減など

子どもの居場所づくりの活動

子どもの居場所づくり

- 無料学習支援
- 子ども食堂
- 遊びや文化的経験の提供
- 人とのつながりづくり

子どもが信頼できる大人と出会い、話を聴いてもらって受け止められることでエンパワーされ、前向きな生き方につなげていくことができます。

05

「住居の不安定化と喪失を伴う貧困」の問題

▶ 住居を失うとは？ 「住居」と「住所」の違いとは？

　貧困問題の解決は SDGs の大きな目標です。なかでも、住居を喪失するほどの貧困に向き合うことは社会の最優先課題です。住居を失うことは、雨風やさまざまな危険から自分を守る家を失うだけではなく、住民登録もできなくなります。市民権までも剥奪され、就職活動で不利になり、人とのつながりも失ってしまいます。

▶ 野宿生活者の状況

　野宿生活者は河川敷・公園・道路・駅舎などの公共空間で暮らしており、野宿生活の長期化がみられます。中高年の単身男性に偏っており、48.9％が廃品回収や日雇労働などの収入のある仕事をしていて（そのうち82.8％の人は月収10万円未満）、51.1％の人は無職です。多くの人の生活が憲法で保障されている最低限度を下回っています。

▶ 住居を失った理由

　雇用関係や自営業からの離脱に伴い、収入が減少したり、あるいは収入源の喪失が起こったり、家賃等が払えなかったり、社宅・寮を退去せざるを得ず、住居を喪失した場合が多いことがわかります。また、家族との別れや家族関係の悪化、アディクションが原因となっている場合もあります。住居を失うリスクが高いときに社会保障制度がセーフティネットとなっておらず、野宿生活者への支援も届いていない状況があります。

野宿生活者の性別、年齢、野宿生活期間、野宿生活になった理由

性別　　　　　　単位(%)

男性	95.8
女性	4.2

年齢

30代以下	2.8
40代	7.5
50代	19.6
60代	35.3
70代	30.5
80代以上	3.9

今回の野宿生活期間

1年未満	20.3
1-3年未満	11.4
3-5年未満	9.2
5-10年未満	19.1
10年以上	40

単位(%)

仕事減	24.5	家族関係悪化	7.9
倒産・失業	22.9	飲酒・ギャンブル	6.9
人間関係が悪く辞職	18.9	ホテル代・ドヤ代払えず	5.3
病気・けが・高齢で仕事できず	14.3	借金取立	3.0
労働環境が悪く辞職	5.5	契約期間満了で宿舎退去	2.7
上記以外の理由で収入減	1.6	病院や施設等から退院・退所後行き先なし	1.5
アパート等の家賃払えず	13.2	差し押さえによる立ち退き	1.1
家族との離別・死別	8.5	その他	21.2

野宿生活以前の職業、従業上の地位、住居

単位(%)

職業分類	最長職	直前職
建設・採掘	32.6	35.1
生産工程	14.1	12.5
保安・運搬・清掃・包装等	10.0	13.5
サービス	8.6	10.4
管理・専門・技術・事務	7.4	7.3
販売	6.8	5.8
輸送・機械運転	6.2	5.0
農林漁業	1.1	0.9
職業なし・無回答・その他	13.3	15.1
計	100.0	100.0

従業上の地位の分類	最長職	直前職
職業安定	61.8	49.4
常勤職員・従業員(正社員)	54.5	42.9
自営・家族従業者	4.9	4.4
経営者・会社役員	2.4	2.1
職業不安定	30.4	41.0
日雇	14.2	19.3
臨時・パート・アルバイト	16.2	21.7
その他・無回答・非該当	7.9	9.6
計	100.0	100.

住居分類	最長職	直前職
住居安定	75.3	73.2
民間賃貸住宅	42.9	44.3
持家	12.4	10.9
公営住宅・公共賃貸	2.4	2.8
社宅・寮	17.6	15.2
住居不安定	18.1	21.2
住込み	2.9	2.7
飯場・作業員宿舎	5.7	6.1
ドヤ・カプセルホテル・サウナ等	5.1	7.2
親族・知人宅	4.4	5.2
その他・無回答	6.5	5.6
計	100.0	100.0

　最長職(一番長くやっていた仕事)、直前職(初めて野宿する直前の仕事)ともに「建設・採掘」が多く、直前職では35.1％に上昇しています。建設産業は失業者ないし過剰労働力の「受け皿」ともいわれますが、他方で日雇労働、飯場労働、日給月給制などの低賃金で不安定な雇用を内包しています。ただし、直前職は、製造業、サービス業などほかの職業にも広がり、住居喪失の背景には失職後の就職困難があり、なかには、疾病、障害、多重債務、パートナーとの離別などが複雑に絡んでいる場合もあります。

　また、従業上の地位、住居に着目し、表のように「職業安定・不安定」「住居安定・不安定」に分類すると、最長職時には「職業安定」「住居安定」のほうが多く、直前職時に「職業不安定」「住居不安定」の比率が高くなっており、一定数が最長職から直前職に至る過程で職業階層が不安定化(低所得化)しています。また、直前職が不安定であった人のなかに、最長職も不安定で長期的に不利な立場で働いていた人がいます。一方で、安定的な職業に就き賃貸住宅や持ち家に住んでいた人が野宿生活に至る場合も少なくないこともわかります。

06

「住居の不安定化と喪失を伴う貧困」の問題とソーシャルワーク

▶ 野宿生活者が困っていること

野宿生活者が困っていることは、「食べ物がない」が最も多く、以下、「雨や寒さをしのげない」「入浴・洗濯等ができず清潔に保てない」「寝る場所を探すのに苦労している」の順です。3割強の人が体調不良を感じていますが、病院にかかれない人も多いです。ほかにも、市民からの嫌がらせや施設管理者による立ち退き要請に困っています。

▶ 住居喪失者への支援に経済的支援は不可欠

住居を失うほどの貧困に対しては、経済的支援や住宅確保にかかわる生活保護制度や生活困窮者自立支援制度などが対応しています。しかし、必ずしもそれらの制度が届いているとはいえず**基本的人権**が奪われています。貧困は誰にでも起こり得るもので、しかもほぼすべての社会福祉施設・機関に関係するため、あらゆる支援者が念頭におく必要があります。

▶ ソーシャルワーカーとしてのかかわり方

住居を失うほどの貧困は生命にかかわる深刻な事態であり、住居確保が最優先になります。この住居確保を最優先に支援する考え方を「ハウジングファースト」といいます。また、支援団体との連携が必要不可欠です。その際、住所を失ったのは努力が足りないとする**「自己責任論」**に陥らず、**貧困に至った背景やその人の人生**をよく理解することから相談を始めることが大切なかかわり方になります。

野宿生活で困っていること

食べ物	28.9
雨や寒さ	27.0
入浴・洗濯	22.8
寝場所	19.5
いやがらせ	11.3
立ち退き	9.6
いざこざ	4.2

野宿生活者への支援

- まずは、福祉事務所等の生活困窮者支援の窓口や支援団体と連携し、適切な住居確保が優先
- 本人が望む支援を中心に考える（極力、条件つきの支援にしない）

- 安定的な住居の確保を継続する
- 安心のある地域生活、社会関係につなぐ

07

「質の高い教育をみんなに」にかかわる福祉課題とソーシャルワーク

■ 「質の高い教育をみんなに（目標４）」にかかわる日本の状況

　SDGs の目標である「質の高い教育をみんなに（目標４）」は、社会がすべての人に対して公平な教育、学習機会を提供することを課題にしています。日本では、小学校６年間、中学校３年間の義務教育制度がありますが、**教育格差**は存在します。

　家庭環境と子どもの学力との関連を調べた調査では、親の最終学歴、年収、親と子の会話時間などの家庭環境が、子どもの学力に影響することを明らかにしました。また、後にふれるように、家庭環境は子どもの不登校の問題などの根源にもなり得ます。他方、学校環境に目を向けると、子どもの学力の地域間格差をなくすための国の取り組み（教職員配置の適正化、教員研修の改革など）、スクールソーシャルワーカーなど子どもの教育支援体制の整備などにより、継続的な改善が行われています。ただし、心身や発達に障害のある子どもたちの教育では、**特別支援教育**（障害のある子どものための教育）や就学支援（通学や進級などの支援）を担当する教員が受けもつ児童数や教育にかかる予算などに地域間格差がみられます。

■ 「質の高い教育をみんなに（目標４）」にかかわる福祉課題とソーシャルワーク

　こうした問題に対し、ソーシャルワーカーは、子どもたちとその家族に対するはたらきかけを基点にして、家庭環境や障害の有無にかかわらず、子どもたちが自らのウェルビーイングを追求するために不可欠な学力や社会生活の力を習得できるように、教育の質を保障する仕組みや政策づくりに従事することが社会的に求められています。ここでは、「不登校・いじめ」「発達保障」「ヤングケアラー」という三つの教育にかかわる問題を取り上げ、その現状とソーシャルワークによる取り組みについて紹介します。

教育とソーシャルワーク　図

親の所得（世帯の年収）と学力（学力テストの点数）との関連（小学6年生）

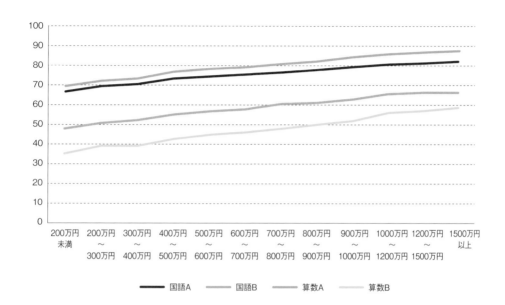

国語A　　国語B　　算数A　　算数B

子どもの学力に影響を与える家庭環境の要素

- 世帯の等価可処分所得の金額
  （世帯が消費や貯蓄に使える金額）
- 父親・母親の学歴
- きょうだいの数
- 母親の就業の有無
- テレビの視聴時間
- 幼少期の絵本の読み聞かせ

子どもの学力
（小学6年生・中学3年生）

出典：野崎華世・樋口美雄・中室牧子・妹尾渉「親の所得・家庭環境と子どもの学力の関係：国際比較を考慮に入れて」『NIER Discussion Paper Series』No8、pp.20-22をもとに作成

08 「不登校・いじめ」の問題

不登校の現状

文部科学省が公表している「令和3年度児童生徒の問題行動・不登校等生徒指導上の諸課題に関する調査結果」では、2021年度の小中学校の不登校児童生徒数は24万4940人であり、前年度から5万人近く増加しています。この調査では、年間30日以上欠席した児童生徒を調査していますが、その人数は9年連続で増加しました。また、高等学校での不登校生徒数は5万985人と報告されています。

不登校の理由について同調査をみると、「無気力、不安」が半分近くを占め、次に「生活リズムの乱れ、あそび、非行」が続きます。そのほか、小学生では「親子のかかわり方」が多く、中学生では「いじめを除く友人関係をめぐる問題」が多くなっています。

新型コロナウイルス感染症のために家庭生活や学校生活に変化があり、対人関係が十分にもてないまま悩みを一人で抱えている児童生徒がいることが想定されます。そのため、大人が子どもからのサインを受け止めて、丁寧にかかわることが必要となっています。

いじめの現状

上記の調査結果から、小・中・高等学校および特別支援学校におけるいじめの認知件数は61万5351件となっています。これは前年度に比べて10万件近く増加しています。とりわけ小学校では50万562件と多くなっています。

このうち、重大事態とされている件数は705件です。いじめの把握件数が多い学校は、積極的に発見して解消に努めているともいえ、いじめの認知件数が少ない学校ではいじめが放置されていないか十分に検証することが必要です。

不登校の現状 図

小中学校における不登校児童生徒の推移

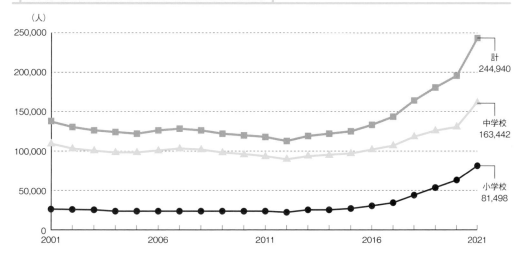

不登校の要因

【国公私立】小・中学校

	不登校児童生徒数	学校に係る状況								家庭に係る状況			本人に係る状況		左記に該当なし
		いじめ	いじめを除く友人関係をめぐる問題	教職員との関係をめぐる問題	学業の不振	進路に係る不安	クラブ活動・部活動等への不適応	学校のきまり等をめぐる問題	入学・転編入学・進級時の不適応	家庭の生活環境の急激な変化	親子の関わり方	家庭内の不和	生活リズムの乱れ、あそび、非行	無気力、不安	
小学校	81,498	245	5,004	1,508	2,637	160	10	537	1,424	2,718	10,790	1,245	10,708	40,518	3,994
		0.3%	6.1%	1.9%	3.2%	0.2%	0.0%	0.7%	1.7%	3.3%	13.2%	1.5%	13.1%	49.7%	4.9%
中学校	163,442	271	18,737	1,467	10,122	1,414	843	1,184	6,629	3,739	8,922	2,829	18,041	81,278	7,966
		0.2%	11.5%	0.9%	6.2%	0.9%	0.5%	0.7%	4.1%	2.3%	5.5%	1.7%	11.0%	49.7%	4.9%
合計	244,940	516	23,741	2,975	12,759	1,574	853	1,721	8,053	6,457	19,712	4,074	28,749	121,796	11,960
		0.2%	9.7%	1.2%	5.2%	0.6%	0.3%	0.7%	3.3%	2.6%	8.0%	1.7%	11.7%	49.7%	4.9%

※「長期欠席者の状況」で「不登校」と回答した児童生徒全員につき、主たる要因一つを選択。
※下段は、不登校児童生徒数に対する割合。

09
「不登校・いじめ」の問題とソーシャルワーク

▶ 不登校・いじめに関する相談の場

　不登校・いじめに関する相談は、まずは所属する学校の教員に対して行います。学校には教員のほかに**スクールカウンセラー**や**スクールソーシャルワーカー**が配置されており、多様なスタッフがチームとして対応するように努めています。これらのスタッフの配置状況は自治体によって異なっています。

　所属校に対して相談しにくい場合は、学校外でのさまざまな相談の場が用意されています。例えば、自治体が設置している**教育相談所**、あるいは**児童相談所**が挙げられます。これらの機関には、専門のソーシャルワーカーや心理職が配置されており、子どもと家族の相談に応じています。また、フリースクールなどの民間団体や不登校の子どもをもつ親の会などの自助グループに相談することもできます。

　不登校相談への対応としては、子どもの気持ちを大切に、登校の促しを主とするのではなく、子どもそれぞれの事情に応じた支援を行い、その子どもらしい居場所や学び方を一緒に見つけることができるように努めています。

▶ 子どものSOSを受け止める

　子どもは悩みを一人で抱えがちであり、困っていることをうまく言葉で表現できない場合もあります。いじめについても、言い出すことをためらい、一人で抱え込んでいることがあります。まわりの大人が注意深く観察し、子どもの困りごとに気づけるようにすることが大切です。国では、通話料無料の**24時間子どもSOSダイヤル**やSNS等を活用した相談事業も実施しています。子どものSOSを的確に受け止め、支援につなぐことができるように、社会全体で取り組むことが求められています。

不登校相談の場

```
          子どもと家族からの相談
```

学校外での相談

- 教育相談所
- 児童相談所
- フリースクール
- 親の会などの自助グループ
- 医療機関 など

学校に対する相談

- 教職員
- スクールカウンセラー
- スクールソーシャルワーカー

ソーシャルワーカーは子どもの声を受け止めて関係機関につなぎ、支援を行うための連絡調整を行うことができます。

不登校・いじめ支援のポイント

- 保護者の悩みを聞く
- 親子関係を調整する
- 必要があれば子どもを医療機関につなげる
- 家族の生活上の必要な支援を行う

子どもの思いを丁寧に聴く
＝
子どもとのつながりを継続的につくる

- いじめ等の被害があれば学校と連携協働して対処する
- 子どもが安心できる居場所を子どもとともに探す
- 進路の相談をする
- その子どもらしい学びのあり方を子どもとともに探す

10

「発達保障」の問題

■「発達保障」と養護学校義務化

　1979（昭和54）年の「養護学校（現・特別支援学校）義務化」をめぐり、「**発達保障**」という考え方の是非が問われました。当時、盲・聾学校の就学は義務制でしたが、それ以外の障害で、特に重度障害児のほとんどが、就学猶予・免除とされていました。知的障害児者の親の会である全日本手をつなぐ育成会（現・全国手をつなぐ育成会連合会）は、「**養護学校及び特殊教育学級設置義務化**の速やかなる実現」[1] を求めていました。1967（昭和42）年に、障害児者の親や教師、研究者らを中心に結成された全国障害者問題研究会（全障研）は、「子どもの教育を受ける権利は、単に学校に入るとか、まして普通学級に入ることで保障されるというものではない。子どもが就学し、学習し、発達しているかどうかが問われなければならない」[2] として、養護学校義務化を推進しました。

　一方、1976（昭和51）年に、障害者自身を中心に結成された全国障害者解放運動連絡会議（全障連）は、「発達保障論によって社会から隔離され、健全者に近づくことを第一命題として教育・生活を強いられる」「隔離社会のなかでしか生きられない存在としてつくられていく」[3] と、養護学校義務化に反対し、「発達保障論」を批判しました。

■ 障害者権利委員会からの勧告

　「養護学校義務化」から43年後の2022（令和4）年、障害者権利条約に基づき国連に設置された障害者権利委員会は、日本政府に対して、「分離特別教育を終わらせること」「障害のある児童が障害者を包容する教育（**インクルーシブ教育**）を受ける権利があることを認識すること」[4] などを勧告しました。今後障害の有無によって分け隔てない学校において、子どもに応じた教育が適切に受けられるようになることが求められるでしょう。

「発達保障」と養護学校義務化の問題　図

「発達保障」の歴史

| 全国障害者問題研究会（全障研） | 全国障害者解放運動連絡会議（全障連） |

「子どもの教育を受ける権利は、単に学校に入るとか、まして普通学級に入ることで保障されるというものではない。子どもが就学し、学習し、発達しているかどうかが問われなければならない」

「発達保障論によって社会から隔離され、健全者に近づくことを第一命題として教育・生活を強いられる」
「隔離社会のなかでしか生きられない存在としてつくられていく」

1979（昭和54）年
養護学校（現・特別支援学校）義務化

2022（令和4）年　障害者権利委員会　勧告
「分離特別教育を終わらせること」「障害のある児童が障害者を
包容する教育（インクルーシブ教育）を受ける権利があることを認識すること」

インクルーシブ教育のイメージ

セグレゲーション（分離）

インテグレーション（統合）

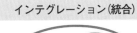

インクルージョン（包摂）

11

「発達保障」の問題と ソーシャルワーク

■ 重度重複障害のあるＡさんの事例

　重度の肢体不自由と知的障害が重複し、経管栄養が必要なＡさんは、１歳上に障害の
ない兄がいました。親は、Ａさんを兄と同じ地域の公立保育園に入園させることを希望し、
医療的ケア児支援センターのコーディネーターに相談しました。支援センターは市役所
にはたらきかけ、保育園に看護師を配置するなど環境を調整し、受入体制を整えました。
しかし、医療的ケアが必要な重度重複障害児を初めて受け入れた保育園は、不安でした。
親の付き添いを求め、積極的にＡさんにかかわることができませんでした。周りの子ど
もたちは、Ａさんについて「なんで歩かないの」「なんで話さないの」と付き添った親に
尋ねました。親が説明すると、「そうなんだ。一緒に遊ぼう」と、すぐに仲良しになりま
した。保育園の職員も、子どもたちに後押しされるようにＡさんとのかかわりに慣れて、
「ほかの子どもたちと何も変らないことがわかった」と話すようになりました。

■ 重度重複障害のあるＡさんの就学

　Ａさんが就学年齢になると、親は、兄と同じ地元の小学校への入学を希望し、教育委
員会に相談しました。しかし、教育委員会は「Ａさんは、障害児の専門的な教育を受け
るほうが幸せだ」「Ａさんのことを本当に考えていますか」と特別支援学校への入学を
強く勧めました。何度も話し合いを重ねた末、教育委員会は地元の小学校への就学通知
を出し、特別支援教育支援員と看護師を配置しました。Ａさんは、先生たちのさまざま
な工夫で中学校を卒業し、その後、特別支援学校高等部を経て、障害福祉サービスの通
所事業所に通い、成人式を迎えました。会場には、小中学校の同級生が、Ａさんのまわ
りに集まりました。一緒に成人を祝うことができ、Ａさんも同級生もうれしそうでした。

保育園では、
子ども同士はすぐに友だちに

Ａさんを
真ん中に

友だちと一緒に
小学校に入学

第1章 ソーシャルワーカーって何をする人？
第2章 人々のライフサイクルと暮らしの課題
第3章 ソーシャルワークが挑む課題
第4章 ソーシャルワークの具体的な流れ
第5章 ソーシャルワーカーに求められること
第6章 ソーシャルワークが大切にしている理論やモデル
第7章 今、ソーシャルワーカーが身につけたい技術

12 「ヤングケアラー」の問題

■ 「ヤングケアラー」とはどういう子どもたちなのか

　まずは、どのような子どもたちを**ヤングケアラー**というのか知ることからはじめることが大切です。子ども家庭庁は条例上の定義はありませんが、一般に「本来大人が担うと想定されている家事や家族の世話などを日常的に行っている子ども」と説明しています。本来子どもとして過ごすべき環境を用意されていない子どもたちと考えることもできます。「大事な家族が困っている」「家族や『家』を守らなくちゃいけない」「自分には何ができるだろう」。そう考えて見つけ出した「自分にできること」をしている子どもたちの姿や役割がヤングケアラーといえるでしょう。

■ 子どもたちを支援するために必要な視点

　わかったふり、見えているふりをして、よかれと思ってすることは時に子どもたちを傷つけます。子どもたちの生活や気持ちはさまざまで、子どもたちの困りごとはなかなか見えません。ソーシャルワーカーの仕事では、**「自分の物差し」を自覚すること**が大切です。子どもたちの困りごとを勝手に決めつけないようにします。自分の当たり前、自分の価値観や生活基準、それらすべてのことが、目の前にいる子どもにとっては意味のないことであり、相手を理解するにはかえって邪魔なものになることすらあります。

　「その子を知りたい」「その子の困りごとを一緒に考えたい」。そう思うときにはまず、話を聞かせてもらうしかないのです。その子どもの生活、大事にしていることを教えてもらい、そのうえで、「困っているのはこんなこと？」「何があれば助かる？」と聞いていきます。「困りごと」に対して本当に必要な支援を組み立てるには、子どもたちの背景にある**家族の困りごと**を視野に入れて支援につなげていかなければいけません。

第1章 ソーシャルワーカーって何をする人?
第2章 人々のライフサイクルと暮らしの課題
第3章 ソーシャルワークが挑む課題
第4章 ソーシャルワークの具体的な流れ
第5章 ソーシャルワーカーに求められること
第6章 ソーシャルワークが大切にしている理論やモデル
第7章 今、ソーシャルワーカーが身につけたい技術

ヤングケアラーとは

障害や病気のある家族に代わり、買い物・料理・掃除・洗濯などの家事をしている	家族に代わり、幼いきょうだいの世話をしている

障害や病気のあるきょうだいの世話や見守りをしている

目を離せない家族の見守りや声かけなどの気遣いをしている

日本語が第一言語でない家族や傷害のある家族のために通訳をしている

家計を支えるために労働をして、障害や病気のある家族を助けている

アルコール・薬物・ギャンブル問題を抱える家族に対応している

がん・難病・精神疾患など慢性的な病気の家族の看病をしている

障害や病気のある家族の身の回りの世話をしている

障害や病気のある家族の入浴やトイレの介助をしている

ヤングケアラーの調査結果

世話をしている家族の有無

中学2年生

無回答…0.6%　　いる…5.7%

いない
93.6%

N=5,558

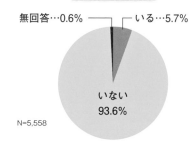

全日制高校2年生

無回答…0.9%　　いる…4.1%

いない
94.9%

N=7,407

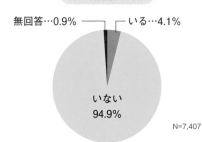

> 世話をしている家族が「いる」と回答したのは、
> 中学2年生が5.7%、全日制高校2年生は4.1%。

13 「ヤングケアラー」の問題とソーシャルワーク

▶ ヤングケアラーの状態にあるBさんの事例

　中学校2年生のBさんは40代の母親と二人暮らし。父親のアルコール依存症が原因で両親は離婚。母親は精神的に不安定で精神科クリニックに通院中です。母親は不安になると薬を多量に飲んだり、自殺をほのめかしたりするので、Bさんは家を空けることが心配になり、次第に学校に行かなくなりました。Bさんは学校で家庭のことを話さないので、学校では不登校の原因はBさんの昼夜逆転だと考えていました。

　平日の昼間、母親の通院に同行するBさんに精神科クリニックの精神保健福祉士Cさんが声をかけ、Bさんの不安や現在の生活（Bさんが家事や母親の介護を引き受けていること）を聞きました。Cさんは障害者総合支援法にもとづくサービスを利用して母親の生活をサポートすることを提案しました。母親はCさんに頼るようになり、Bさんは安心して学校に行けるようになりました。

▶ ソーシャルワーカーの視点を活かすには

　専門職は、子どもたちの「困りごと」にふれる機会を待っているだけでは不十分です。子どもたちにとって大人に相談することは、敷居の高いことです。そのため、子どもたちが気持ちを吐き出すことができる場所をつくることが先決です。子どもたちが自分の言葉で気持ちを伝えられるようにするには、相談を受ける専門職が自分の物差しで子どもたちの困りごとを決めつけないようにすることが必要です。そして、子どもたちが「困りごと」を口にしたとき、彼らの背景にある家族や家の課題を含め、支援の対象ととらえます。

ヤングケアラーへの支援　図

第1章 ソーシャルワーカーって何をする人？
第2章 人々のライフサイクルと暮らしの課題
第3章 ソーシャルワークが挑む課題
第4章 ソーシャルワークの具体的な流れ
第5章 ソーシャルワーカーに求められること
第6章 ソーシャルワークが大切にしている理論やモデル
第7章 今、ソーシャルワーカーが身につけたい技術

支援の実際のエコマップ

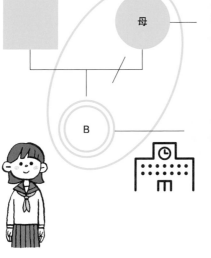

精神科クリニック
Cさん

学校

ヤングケアラーの困りごとの背景にある家族の困りごとを支援するためには視野を広げ、**連携**することが重要！

▶ 学校は母親の病気が見えず、クリニックは学校の様子がわかりません。
両者がつながらないとヤングケアラーの支援はできません

ヤングケアラーの困りごとの背景にみえる課題

経済的な課題	保護者の失業や不安定な雇用形態
疾病や障害	保護者・子どもの疾病、傷害／親族の疾病、障害・介護／メンタルヘルスの課題（アディクション・自殺）
養育環境の問題	虐待・ネグレクト／子どもが育つ生活環境が整わない
不安定な家族関係	頼れる親族の不在／DV、支配とコントロール
情報の伝わらなさ	貧困や虐待に対する誤った認識、スティグマ
「家」の孤立する風潮	「相談する」ことの敷居の高さ／子育てを「家」の責任とする風潮

14

「ジェンダー平等を実現しよう」にかかわる福祉課題とソーシャルワーク

■「ジェンダー平等を実現しよう（目標５）」にかかわる日本の状況

　ジェンダー（gender）とは、生物学的な性ではなく、社会、文化のなかで形成される性差を意味します。世界経済フォーラムが発表した「ジェンダー・ギャップ指数（Gender Gap Index: GGI）2023」（p.136参照）の国際比較で、日本は125位でした。この指数は、男女の格差を図る指標の一つですが、G7のなかで最下位であり、アジアの国々と比較しても低位です。日本は、経済活動と政治活動に関する指標において、男女の格差が大きくなっています。

　また、ジェンダー平等の一つの指標である、LGBT の差別禁止に関する法整備も日本は遅れています。OECD が2020年に発表した、LGBT にかかわる法律の整備状況に関する国際比較において、日本は OECD 加盟35か国中ワースト２位となっています。

■「ジェンダー平等を実現しよう（目標５）」にかかわる福祉課題とソーシャルワーク

　日本では、ジェンダー平等を実現するための法律や政策の整備が遅れており、それを推進するための政治、経済、社会において「ジェンダーステレオタイプ」が根強く存在します。「ジェンダーステレオタイプ」とは、社会に広く、深く浸透する、男女それぞれに対する固定観念やイメージのことです。それらは、性差に関係なく人がもつ個性、能力、権利などを制限し、教育や労働、趣味などの余暇活動などの機会に、ジェンダー・ギャップを生む根源となります。ソーシャルワークでは、ジェンダーを背景とする個人と環境の問題を基点にして、ジェンダー・ギャップを生み出す社会の構造を変える活動を展開します。ここでは、「DV」と「ジェンダーマイノリティ」の問題を取り上げ、その現状とソーシャルワークの取り組みについて紹介します。

ジェンダーに関する日本の状況　図

第 1 章　ソーシャルワーカーって何をする人？

第 2 章　人々のライフサイクルと暮らしの課題

第 3 章　ソーシャルワークが挑む課題

第 4 章　ソーシャルワークの具体的な流れ

第 5 章　ソーシャルワーカーに求められること

第 6 章　ソーシャルワークが大切にしている理論やモデル

第 7 章　今、ソーシャルワーカーが身につけたい技術

ジェンダー・ギャップ指数（GGI）

経済参画	労働に参画する男女の比率、同じ労働に従事する賃金の男女格差、企業や組織で管理職に従事する男女の比率などを指数化した値
政治参画	国会議員の男女の比率、閣僚の男女の比率などを指数化した値
教育	識字率の男女の比率、教育への就学率の男女の比率
健康	出生児の性の比率、健康寿命の男女の比率

1位のアイスランドと日本とのGGIのスコア比較

● アイスランド（0.912）
　1位／146か国

● 日本（0.647）
　125位／146か国

● 平均（0.684）

経済参画（0.561）
・労働参加率の男女比
・同一労働における賃金の男女格差
・推定勤労所得の男女比
・管理的職業従事者の男女比
・専門・技術者の男女比

政治参画（0.057）
・国会議員の男女比
・閣僚の男女比
・最近50年における
　行政府の長の在任年数の
　男女比

教育（0.997）
・識字率の男女比
・初等教育就学率の男女比
・中等教育就学率の男女比
・高等教育就学率の男女比

健康（0.973）
・出生児性比
・健康寿命の男女比

（備考）
1．世界経済フォーラム「グローバル・ジェンダー・ギャップ報告書（2023）」より作成
2．日本の数値がカウントされていない項目はイタリックで記載
3．分野別の順位：経済（123位）、教育（47位）、健康（59位）、政治（138位）

ジェンダーステレオタイプの例

母は家事

父は仕事

女性はスカート

男性はズボン

女性は小食

男性は大食

15

「DV」の問題

▶ DVの枠組み

　ドメスティック・バイオレンス（DV：Domestic Violence）とは、配偶者からの身体に対する暴力、またはこれに準ずる心身に有害な影響を及ぼす言動を指します。

　DVにおける暴力の種類は、**身体的暴力**、**性的暴力**、**精神的暴力**、**社会的暴力**、**経済的暴力**などがあります。DVの目的は暴力ではなく、相手を自分の思いどおりに動かすことです。デートDVも交際相手への暴力であり、要因や背景はDVと変わりません。

　男性から女性への行為が大半ですが、女性等から男性に対してのものも存在します。

▶ DV被害者のおかれている状況

　内閣府の調査では、配偶者からの被害（身体的暴行、心理的攻撃、経済的圧迫、性的強要の4つの行為のいずれか）を受けたことのある人は約23％にのぼっています。

　2001（平成13）年、配偶者からの暴力の防止及び被害者の保護等に関する法律（**配偶者暴力防止法**）が成立して以来、改正が何度も行われています。**配偶者暴力相談支援センター**や警察、民間シェルター等が相談を受けて、被害者の保護が行われるように整っています。

　ただ、一旦保護したとしても、加害側のもとに戻る被害者もいます。配偶者と別れなかった理由として多かった順に、「子どもがいるから」「経済的な不安があったから」「相手が変わってくれるかもしれないと思ったから」などとなっています。DVやデートDVは、暴力と暴力の脅し、強制的なメッセージの繰り返し、気まぐれな恩恵により、被害者が身動きできないようにします。結果、被害者を孤立化させたり、日常生活を制限したりします。

DV被害の状況 図

配偶者から被害を受けたことがある人

約 **23**%

> 障害者であるDV被害者の割合は、全体のDV被害者の約17%*
>
> ＊内閣府「配偶者暴力相談支援センターにおける相談件数（令和3年度）」

配偶者から被害を受けたことがある人（内閣府、2021）

> 本調査の「配偶者からの被害」は、"身体的暴行""心理的攻撃""経済的圧迫""性的強要"の四つの行為のいずれかを受けたことを指す

DV被害者が配偶者と別れなかった理由

1.子どもがいる（妊娠した）から。子どものことを考えたから	68.9%
2.経済的な不安があったから	41.0%
3.相手が変わってくれるかもしれないと思ったから	18.4%
4.世間体が悪いと思ったから	16%
5.これ以上は繰り返されないと思ったから	11.8%
6.相手が別れることに同意しなかったから	11.3%

第1章 ソーシャルワーカーって何をする人？

第2章 人々のライフサイクルと暮らしの課題

第3章 ソーシャルワークが挑む課題

第4章 ソーシャルワークの具体的な流れ

第5章 ソーシャルワーカーに求められること

第6章 ソーシャルワークが大切にしている理論やモデル

第7章 今、ソーシャルワーカーが身につけたい技術

16

「DV」の問題と
ソーシャルワーク

▶ 暴力被害を受けるDさんの事例

　数年の交際期間を経て結婚したDさんの夫は、結婚当初から、理不尽なことで怒り出すことがありました。子どもが生まれると、子どもの泣き声に対して、うるさい！　と物を投げたり、Dさんに暴言や暴力を浴びせたりするようになりました。Dさんは、夫が仕事から家に帰る時間になると動悸がして、食事も喉を通らないようになっていきました。Dさんは両親と折り合いが悪かったため、実家に戻るわけにもいきませんでした。

▶ 支援の開始

　Dさんは、友人から教えてもらった**配偶者暴力相談支援センター**に電話をかけました。すると、相談員からは一時保護を勧められましたが、Dさんは決心がつきませんでした。

　ある日、夫がひどく酔って帰ってきた際に、些細なことから暴力が始まりました。泣き始めた子どもにも暴力をはたらこうとしたため、子どもと一緒に着の身着のままで警察に駆け込み、その夜のうちに、民間シェルターに一時保護されることになりました。

　その後、保護命令の申立てをし、離婚調停の申立ての法的手続きを進めることになりました。Dさんは、民間シェルターを経て、今は生活保護を受けながら、子どもとアパートで暮らしています。精神科クリニックには週２回のペースで通っています。もう少ししたら、子どもを保育園に預けて働くことも考えています。

　ソーシャルワーカーは、配偶者暴力相談支援センターや、民間シェルター、精神科クリニックなどに配置されています。DV被害者の心情を理解し、中長期的な視野で、安全な生活を再開できるよう、寄り添う姿勢が求められます。DV支援の領域では、ソーシャルワーカーの配置は不十分であり、**配置を進め、支援の充実を図ること**も重要です。

安全な生活を確保するための支援の関係機関

被害者　　安全な生活を確保する

相談・被害申告 （緊急の場合は通報）	相談・避難	相談・避難	保護命令*の申立て 仮処分命令の申立て	受診 （ケガ等をした場合）
警察	**配偶者暴力 相談支援センター**	**民間シェルター等**	**地方裁判所**	**病院**
・被害者の保護 ・相談 ・加害者の検挙 ・**ストーカー規制法 　に基づく警告等** ・警察本部長等の 　援助	・被害者の保護 ・相談 ・一時保護 ・自立生活の促進	配偶者暴力相談支 援センターから一時 保護が委託される 場合あり	・**保護命令** ・接近禁止命令 ・退去命令 ・**仮処分命令**	・被害者の発見 ・治療 ・診断書の作成 ・支援センター情 　報の提供

＊保護命令：保護命令とは、配偶者（事実婚・内縁関係を含む）や生活の本拠をともにする交際相手から、身体に対する暴力または生命等に対する脅迫を受けた場合、被害者の申立てにより裁判所が加害者（相手方）に発する命令のこと。接近禁止命令、退去命令、電話等禁止命令がある

DV被害者支援の社会資源

配偶者暴力相談 支援センター	配偶者からの暴力の防止および被害者の保護等を図るための業務を行う施設。相談や相談機関の紹介、医学的または心理学的な援助等、被害者やその同伴家族の緊急時における安全の確保および一時保護、自立支援のための情報の提供等、保護命令制度の利用についての情報の提供等、被害者を居住させ保護する施設の利用についての情報の提供等を行う
婦人相談所	女性のさまざまな問題に対して、相談・保護・自立支援など専門的支援を行う
婦人保護施設	利用者の自立に向け、中長期的に生活を支援（生活支援や就労支援）している
民間シェルター	民間団体によって運営されている暴力を受けた被害者が緊急一時的に避難できる施設

17

「ジェンダーマイノリティ」 の問題

▶ あなたのまわりにも、実はジェンダーマイノリティはいるのかも

　周囲にジェンダーマイノリティがいるか尋ねたところ、85.8％が「いない」「わからない」と回答したという調査があります[5]。しかし、世の中には、およそ5〜8％のジェンダーマイノリティが存在するといわれています。2020（令和2）年の調査では、8.9％という結果もありました[6]。つまり、学校の30人クラスに2人くらいは存在する可能性があり、かなり身近な存在といえます。

　しかし、「異性を好きになるのが当たり前」「自分の性別に疑問を覚えたことはない」という雰囲気では、同性に恋している人や自分の性に違和感を抱いている人、性に関心がない人などが声を上げることは難しいと考えられます。

▶ ジェンダーマイノリティを理解する視点：LGBTQ＋、SOGI

　LGBTQ＋はジェンダーマイノリティの総称として使われており、近年、認識度が上昇しています。ただし、LGBTQ＋は「特殊な特性をもつ人」として認識されるリスク等から、**SOGI**（ソジ）という言葉が用いられることも増えてきました。

　SOGIは、Sexual Orientation and Gender Identityの略であり、性的指向と性自認と訳されます。**性的指向**とは、自分の恋愛対象の性に関する視点です。「自分は同性の男性が好き」「これまで男性を好きだったけど、今回は女性を好きになった」ということもあります。**性自認**は、「自分は男性である」「自分は女性である」「自分は男性でも女性でもない」などの性別の認識です。**トランスジェンダー**とは、「男の子として生まれたけれど、心は女性寄り」というように、身体的性別と性自認が一致していない場合を指します。

第1章　ソーシャルワーカーって何をする人？

第2章　人々のライフサイクルと暮らしの課題

第3章　ソーシャルワークが挑む課題

第4章　ソーシャルワークの具体的な流れ

第5章　ソーシャルワーカーに求められること

第6章　ソーシャルワークが大切にしている理論やモデル

第7章　今、ソーシャルワーカーが身につけたい術

周囲の性的少数者に関する質問

● まわりに同性愛者や性別を変えたまたは変えようとしている人がいるか

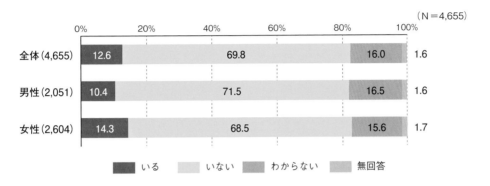

（N＝4,655）

凡例：■ いる　　いない　　わからない　　無回答

出典：名古屋市総務局総合調整部男女平等等参画推進室「性的少数者（セクシュアル・マイノリティ）など性別にかかわる市民意識調査（調査結果報告書）」p.45、2018年を一部改変

LGBTQ＋とSOGI

	性的指向 (Sexual Orientation)	性自認 (Gender Identity)
L　レズビアン	女性	女性
G　ゲイ	男性	男性
B　バイセクシュアル	男性、女性	男性／女性（性自認は一致）
T　トランスジェンダー	男性／女性	心と出生時の性が一致しない
Q　クエスチョニング	定まっていない／決めていない	定まっていない／決めていない
＋　他者に性的魅力を感じないAセクシュアルや、性自認、性自認＋性表現を男女の枠組みに当てはめないXジェンダー、ノンバイナリー、クィア等		

性自認が一致している場合を**シスジェンダー**といいます。

18

「ジェンダーマイノリティ」
の問題とソーシャルワーク

▶ ジェンダーマイノリティの生きづらさ

　今の社会は、異性愛の**シスジェンダー**（性自認が一致している）という前提で設計されています。そのため、周囲の無理解により、ジェンダーマイノリティは人生のなかでさまざまな違和感や困難に遭遇しがちです。性的指向や性自認は、多くの場合、小学校や中学校、高校などの学齢期に気づくものですが、周囲との違いによるいじめ被害や自己否定を通して、孤独を感じている子どもたちが多く報告されています。また、性自認に合わない制服の着用やトイレの使用等に日常的に耐え続けている子どもたちがいます。その後も就職活動や就業、結婚、子育て、通院、住まいの確保、相続などがスムーズにいかずに苦しむこともあります。

　そのため、ジェンダーマイノリティは**メンタルヘルス上の課題**を抱えることも多く認められます。カナダの大規模な調査では、15歳〜17歳の青年のうち、異性愛のシスジェンダーに比べ、自殺の危険性がトランスジェンダーは5倍、レズビアンは約3倍など、ジェンダーマイノリティは非常にハイリスクであるとされています[7]。

▶ 多様性を認める社会へ

　まずは社会がジェンダーマイノリティの存在を認めることが大切です。ソーシャルワーカーは、当事者が、**自助グループ**や**支援団体**などで仲間と出会い、応援団をつくることができるように支援を行います。また、その支援を起点にして、差別や偏見をなくすための普及啓発や環境整備を進めます。ジェンダーマイノリティの人たちのウェルビーイングの実現のために、**同性婚**や**差別禁止法の制定**等、その存在を認めるための制度や法改正に向けたソーシャルアクションも忘れてはいけません。

日常のなかにあるひっかかり

トイレの使用しにくさ

性自認とは異なる制服の着用

会話による暴力

結婚へのハードル

世界の同性婚

世界 GDP に占める 同性婚 を認める国の割合

制度なし 45%
同性婚 52%
同性パートナーシップ 3%

世界 人口 に占める 同性婚 を認める国の割合

同性婚 17%
同性パートナーシップ 1%
制度なし 82%

出典：NPO法人EMA日本　http://emajapan.org/promssm/world（最終アクセス日2023年10月2日）

2015（平成27）年、東京都渋谷区や世田谷区で同性パートナーシップ制度が始まりました*。しかし、これは結婚という国の法律ではないため、結婚したカップルに認められている権利はほとんどカバーされていません。
＊2023年10月現在、300以上の自治体でこの制度が運用されています。

19

「平和と公正」にかかわる福祉課題とソーシャルワーク

「平和と公正をすべての人に（目標16）」が目指すもの

SDGs の目標である「平和と公正をすべての人に（目標16）」は、持続可能な社会の実現のために、経済状況や年齢、ジェンダー、社会的立場などにかかわらず、すべての人が平穏に、社会に包み込まれて暮らせる社会の実現のために、必要な制度や仕組みをつくることなどを課題としています。また、あらゆるレベルの政策づくりやその推進において、さまざまな立場や状況にある人々の参加を促し、そのニーズに応えることを課題にしています。併せて、その政策基盤をつくることを阻害する**差別、不平等、暴力、犯罪などを撲滅すること**も課題とされています。

「平和と公正をすべての人に（目標16）」にかかわる福祉課題とソーシャルワーク

ソーシャルワーカーに関する世界共通の考え方をまとめた、「ソーシャルワーク専門職のグローバル定義」では、その中核的な任務として、不利な立場にある人々と連帯し、その人々を抑圧から解放し、社会に包み込まれること、社会との結びつきを促すことが挙げられています。なお、あらゆる人々が差別や不平等にさらされずに、社会に包み込まれることを「**ソーシャルインクルージョン**」といいます。

「平和と公正をすべての人に」が目指すのは、まさにソーシャルインクルージョンの実現です。このことは、ソーシャルワークの任務と一致します。

ソーシャルワークは、人の暮らしの困難に取り組む活動から、社会の福祉課題を探究し、その課題への取り組みを重ねることで、ソーシャルインクルージョンの実現を目指します。ここでは、「子ども虐待」「老老介護・認認介護」「ダブルケア」「犯罪被害者」「罪を犯した人」の問題を取り上げ、その現状とソーシャルワークの取り組みを紹介します。

「平和と公正をすべての人に（目標16）」が目指すもの 図

平和と公正の実現に向けた政策基盤の整備

格差の是正	紛争解決・平和維持	犯罪・暴力の防止	ジェンダーフリー

- 人々の生命・安全・人権・尊厳・発達などを守る制度、仕組みの創生
- さまざまな立場、状況にある人の参加を得た政策づくり、政策の推進

貧困　暴力被害　紛争被害・難民　格差・不平等

国・地域・社会に特有の「人々のいのちと暮らしの問題」

ソーシャルインクルージョンにかかる日本の福祉課題の一例

● 高齢者・高齢者世帯の孤立
（社会とのつながり、サポートの不足など）

● 障害者の社会参加の妨げ
（偏見・差別・就労機会・支援の不足、学校、職場、文化施設などのアクセシビリティ（利便性）の問題など）

● ジェンダーイクオリティの停滞
（男女間の賃金格差、育児休暇・介護休暇取得の男女差、管理職・役員登用の男女差、政治家の男女差など）

● 外国人の地域社会からの疎外
（住む場所・働く場所の確保困難、言語の壁、文化・慣習・宗教の違い、教育環境の未整備など）

20 「子ども虐待」の問題

▶ 子ども虐待の定義

　日本では2000（平成12）年に「児童虐待の防止等に関する法律」が制定され、子ども虐待への取り組みが強化されてきました。同法律では子ども虐待の定義として以下の四つの虐待種別を示しています。

> ・身体的虐待…叩く、殴る、蹴るなどの身体に対する暴行。
> ・性的虐待…子どもにわいせつな行為をすることまたはさせること。
> ・ネグレクト…食べさせない、放置するなど、保護者としての監護を著しく怠ること。
> ・心理的虐待…暴言などにより子どもに著しい心理的外傷を与える言動を行うこと。
> 　　　　　　　配偶者等への暴行など心身に有害な影響を及ぼす言動を含む。

　以上の行為は子どもの権利を著しく侵害するものであり、その心身の成長や人格形成に大きな影響を与え、将来の世代の育成にも懸念を及ぼすと同法律で記載されています。
　近年では、子どもに対する不適切な養育（マルトリートメント）として幅広くとらえ、保護者の養育を支援することを意識した取り組みが進められています。

▶ 子ども虐待の現状

　厚生労働省が毎年公表している児童相談所における虐待相談対応件数は、統計開始以来継続して増加しています。これは児童相談所に通告される事例が増えているということです。近年は配偶者間の暴力・暴言に伴う心理的虐待として警察署から通告される事例が急増し、そのために件数が増加しているのが特徴です。四つの虐待種別のうち、心理的虐待が約6割を占めています。一方で性的虐待は1％程度と割合が少なく、なかなか発見しにくいためにいまだに潜在していると考えられます。

第1章　ソーシャルワーカーって何をする人？

第2章　人々のライフサイクルと暮らしの課題

第3章　ソーシャルワークが挑む課題

第4章　ソーシャルワークの具体的な流れ

第5章　ソーシャルワーカーに求められること

第6章　ソーシャルワークが大切にしている理論やモデル

第7章　今、ソーシャルワーカーが身につけたい技術

児童相談所における子ども虐待相談対応件数の推移

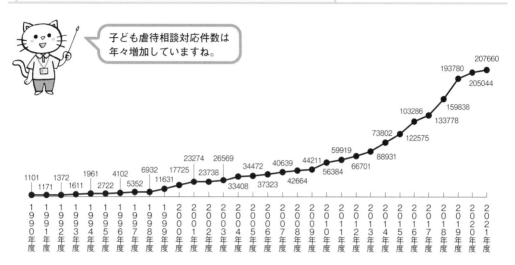

子ども虐待相談対応件数は年々増加していますね。

1990年度 1101
1991年度 1171
1992年度 1372
1993年度 1611
1994年度 1961
1995年度 2722
1996年度 4102
1997年度 5352
1998年度 6932
1999年度 11631
2000年度 17725
2001年度 23274
2002年度 23738
2003年度 26569
2004年度 33408
2005年度 34472
2006年度 37323
2007年度 40639
2008年度 42664
2009年度 44211
2010年度 56384
2011年度 59919
2012年度 66701
2013年度 73802
2014年度 88931
2015年度 103286
2016年度 122575
2017年度 133778
2018年度 159838
2019年度 193780
2020年度 205044
2021年度 207660

児童相談所における虐待相談の虐待種別別件数割合

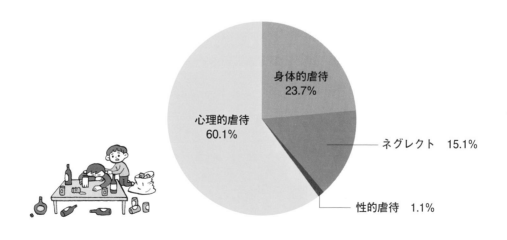

身体的虐待　23.7%

心理的虐待　60.1%

ネグレクト　15.1%

性的虐待　1.1%

21

「子ども虐待」の問題と
ソーシャルワーク

子ども虐待対応の仕組み

　子ども虐待への対応は、児童相談所と市区町村のこども家庭センターがそれぞれ行っています。子どもにかかわる職にある者（保育園や学校、医療機関、警察署などの職員）には子ども虐待の**早期発見の努力義務**があり、また虐待の通告は**国民全体の義務**です。虐待を受けたと思われる子どもを発見した者は、**児童相談所や市区町村のこども家庭センター**に通告をしなければなりません。

　児童相談所や市区町村は通告を受けた後、48時間以内に子どもの安全を確認することが求められており、子どもや保護者と面接したり、関係機関と情報共有や協議したりし、子どもの安全確保あるいは保護者への養育状況改善のための支援を連携して行います。

　児童相談所には**児童福祉司**や**児童心理司**など多職種が在籍し、子どもや家族との面接および関係機関との調整などのソーシャルワークを進めます。

子ども虐待を予防するために

　子ども虐待が発生してから対応するのではなく、子ども虐待が起こる前に予防することが何よりも大切になります。子ども虐待を予防するためには、地域社会におけるさまざまな子育て支援の取り組みが充実し、それが使いやすいものになる必要があります。

　現在、家庭を訪問して保護者の家事・育児の負担を軽減する支援や、保護者が子どもとの関係を振り返り、適切な対応方法を学ぶプログラム、あるいは子どもを一時的に預かって保護者がゆとりを取り戻すための支援（**ショートステイ**）などが多様に取り組まれています。各自治体が地域の状況に応じて、創意工夫を凝らしたサービスを創出し、子育て家庭に対して提供していくことが求められます。

市区町村と児童相談所による子ども虐待相談対応の仕組み

子ども本人・家族・近隣知人・関係機関など

相談・通告　　　　　　　　　　　　　　　　相談・通告

**市区町村
こども家庭センター**

身近な場所での相談

児童相談所

● 市区町村への助言・援助
● 専門的知識及び技術を
　要する相談

地域における子育て支援サービス

子育て支援サービスの提供

子育てひろば　　　保育所

こんにちは
赤ちゃん訪問

保育所一時預かり

地域子育て支援拠点

養育支援訪問事業

**子どもと家族に
対する支援**

児童館

ショートステイ・
トワイライトステイ

フリースクール・
フリースペース

放課後等デイサービス

子ども食堂・
子どもの居場所

ホームヘルプサービス・
送迎サービス

第1章　ソーシャルワーカーって何をする人？

第2章　人々のライフサイクルと暮らしの課題

第3章　ソーシャルワークが挑む課題

第4章　ソーシャルワークの具体的な流れ

第5章　ソーシャルワーカーに求められること

第6章　ソーシャルワークが大切にしている理論やモデル

第7章　今、ソーシャルワーカーが身につけたい技術

22

「老老介護」「認認介護」の問題

■ 「老老介護」「認認介護」とは

　老老介護は、高齢者が高齢者を介護している世帯を意味する言葉です。近年、90歳代の親を60歳〜70歳代の高齢者が介護している世帯や高齢の夫婦で介護し合いながら生活している世帯の割合が増えています。2022年（令和４）年の「国民生活基礎調査」によると、要介護者等と同居している60歳以上の主な介護者の割合は、男性では75％、女性では76.5％で、「老老介護」世帯が相当数存在していることがわかります。

　次に、認認介護とは、文字どおり認知症の人を認知症の家族が介護している世帯のことです。認知症の有病率は加齢とともに高まり、65歳以上の約16％ が認知症であると推計されています。2025（令和７）年には高齢者の５人に１人、国民の17人に１人が認知症になると予測されています。今後、日本では「老老介護」の増加が見込まれます。それは同時に「認認介護」の増加を意味しています。

■ 家族介護から社会的介護への転換が進んでいない現状

　先に述べたとおり、いまだに日本では家族介護が前提となっており、そこから脱却できずにいます。例えば、介護離職の問題をみてみましょう。親を介護するなどの理由で離職する人が、2010（平成22）年以降増えています。これは、仕事と介護の両立が難しいことを意味しており、労働現場では人手不足が深刻になっているなかで重要な問題となっています。また、離職した介護者は心身両面の負担から健康を害し、なかには介護殺人や介護心中に結びついている事案があります。

　家族がいても、いなくても、高齢者本人が望む暮らしを実現できるように社会全体で支えていく仕組みの構築が望まれます。

要介護者等からみた主な介護者の続柄

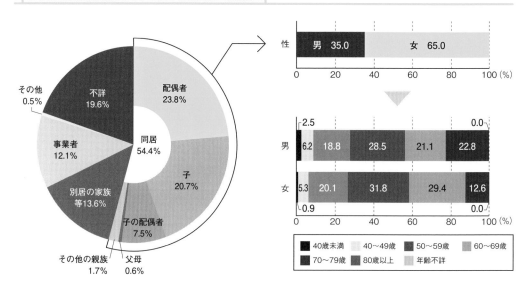

（注）四捨五入の関係で、足し合わせても100.0%にならない場合がある。

介護離職者数の推移

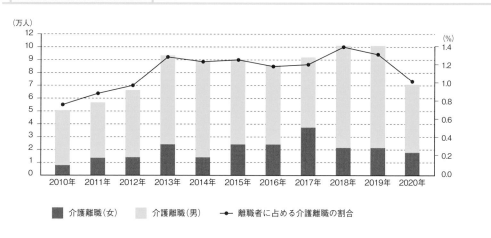

23

「老老介護」「認認介護」の問題とソーシャルワーク

■ 「老老介護」「認認介護」の状態にあるＦさんの事例

　Ｅ市に住むＦさん（75歳）は、**アルツハイマー型認知症**と診断された妻のＧさん（72歳）の介護を３年続けています。妻の通院先の病院のソーシャルワーカーの勧めで、市内の男性介護者の会に参加するなどし、少しずつ妻のケアに慣れていきました。また、家事支援や訪問看護など介護保険のサービスを利用し、妻との暮らしも落ち着いてきたところです。ところが、Ｆさん自身も、もの忘れをすることが増えていきました。自分と妻の暮らしに不安を覚え、妻の担当ケアマネジャーであるＨさんに相談しました。

■ 介護の社会化を目指した取り組み

　Ｆさんからの相談内容は、「調理中にほかのことをやると、鍋を火にかけたことを忘れてしまい、料理を焦がす」など、自身のもの忘れに関するものでした。Ｆさん自身への支援の必要性を感じたＨさんは、Ｆさんとともに居住地区を担当する地域包括支援センターへ相談に行きました。相談に応じた社会福祉士のＩさんは、Ｆさんの了解を得て、Ｆさん夫婦、Ｈさん、同センターの主任ケアマネジャーを集めて協議をしました。

　そのなかで、①Ｈさんが、Ｆさんの生活ニーズを把握し、必要なサービスを検討すること、②民生委員や配食ボランティアなど地域住民による支援を活用すること、③関係者間でのＦさん夫妻の個人情報の共有は、必要最小限に留めることなどを確認しました。さらに、Ｉさんは、地域のケア体制の整備、推進を図るために行うＥ市の**地域ケア会議**で、Ｅ市の**老老介護、認認介護の実態把握**と**地域支援の体制づくり**の必要性を訴えました。

　以上のように、ソーシャルワークでは、個人の問題から地域の福祉課題を見出し、地域が課題に対応する包摂的な地域づくりの活動が求められています。

介護を支えるソーシャルワークの留意点 図

利用者の自己決定を支える視点

ソーシャルワーカー　　　　　　　　　　　　　　本人

| 専門職側が考える阻害要因・問題構造と本人の望ましい姿 | ⇔ ズレ ⇕ | 利用者本人の認識・解釈と望んでいる姿 |

自己決定を支える

本人の望む目標を具体的に提示

認知症の進行と利用者の生活力の変化を踏まえた介護の「社会化」

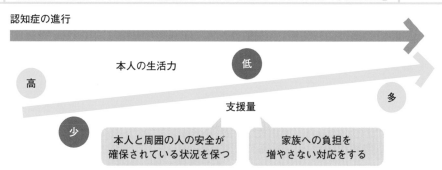

認知症の進行 →

本人の生活力

高　　　　　　　　　　　低　　　　　　　　　多

支援量

少

本人と周囲の人の安全が確保されている状況を保つ

家族への負担を増やさない対応をする

個別の支援から地域をつくる活動

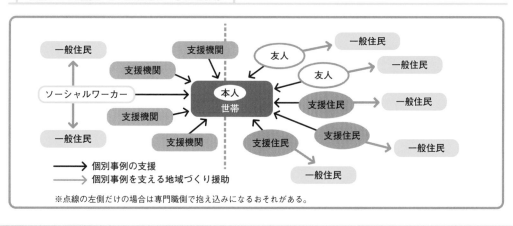

一般住民	支援機関		友人	一般住民
	支援機関		友人	一般住民
ソーシャルワーカー	→	本人世帯	支援住民	一般住民
一般住民	支援機関		支援住民	
	支援機関		支援住民	一般住民
		一般住民		

→ 個別事例の支援
⇒ 個別事例を支える地域づくり援助

※点線の左側だけの場合は専門職側で抱え込みになるおそれがある。

第1章 ソーシャルワーカーって何をする人？
第2章 人々のライフサイクルと暮らしの課題
第3章 ソーシャルワークが挑む課題
第4章 ソーシャルワークの具体的な流れ
第5章 ソーシャルワーカーに求められること
第6章 ソーシャルワークが大切にしている理論やモデル
第7章 今、ソーシャルワーカーが身につけたい技術

24 「ダブルケア」の問題

▶ ダブルケアの実態

「**ダブルケア**」とは、高齢者の介護（ケア）をする介護者が自分の子の育児（ケア）を同時にしている場合を意味します。障害児のケアと未就学児の育児（ケア）を同時にしている場合もダブルケアと呼びますが、ここでは含めていません。

内閣府の調査によれば、ダブルケアを行う人の推計人口は約25万3000人です。男女別では、男性が約8万5000人、女性が約16万8000人と推計されています。年齢構成別では、30歳〜40歳代が多く、男女ともに全体の約8割を占めています。今後、**晩婚化**が進めばダブルケアに陥る可能性はさらに高くなると考えられます。

▶ ダブルケアによる負担と課題

ダブルケア世帯が、介護と育児の両方について相談が必要な場合、対応する制度や法律が分かれているため、異なる相談窓口を訪れ、それぞれで手続きをしなければなりません。そのため、主たる介護者にかかる負担は大きくなります。近年、**ヤングケアラー**の問題が取り沙汰されています。その背景にはダブルケアの問題があり、ヤングケアラーの問題は、主たる介護者の背後に隠れてみえにくくなっているのです。

▶ 高齢者の人権保障と介護者の人権保障は、ともに考えられなければならない

介護者が、自らの生活を犠牲にして高齢者の介護をしている現実があります。本来は、すべての人の人権が保障されなければなりません。そのため、介護者も自己実現できるよう社会全体で支援していくことが期待されます。

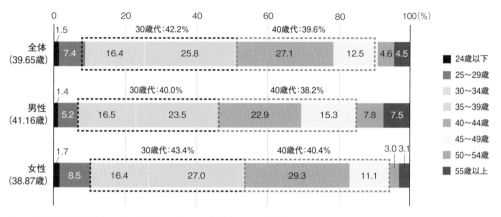

ダブルケアを行う者の年齢構成

(注) 1. 総務省「就業構造基本調査」(平成24年) より内閣府にて特別集計
　　 2.「ふだん育児をしている」「ふだん介護をしている」の両方を選択した者を「ダブルケアを行う者」として集計
　　 3.（　）内の年齢は、平均年齢

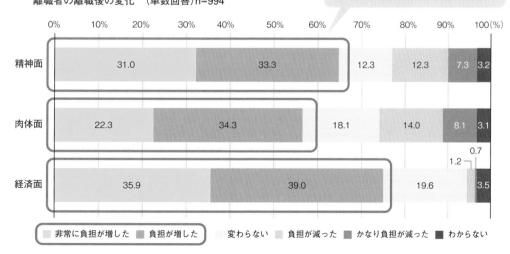

介護離職した人のその後の生活実態

離職者の離職後の変化　（単数回答）n=994

介護を機に離職した人の、離職後の精神面、肉体面、経済面の負担感は、いずれも増している割合が高くなっています。

25

「ダブルケア」の問題と ソーシャルワーク

▶ ダブルケアの状態にあるJさん家族の事例

　Jさん一家は、若年性認知症で仕事を退職したJさん（男性、53歳）、妻のKさん、娘のLさん（30歳）夫婦と孫のMくん（12歳）、Nちゃん（9歳）、Oちゃん（5歳）の三世代7人家族です。地域包括支援センターPさん（社会福祉士）は、地域の民生委員から「Jさんが家族から虐待されているかもしれない」との相談を受けて、Jさん宅を訪問しました。その際、虐待にはふれず、別の訪問目的をJさん家族に伝えました。

　訪問は平日の夕方でした。Pさんは、Jさん宅の台所で妹たちの世話をしながら夕食づくりを手伝うMくんを見かけました。他方、Jさんの主たる介護者であるLさんとの面談において、認知症の進む父の変化に戸惑っていること、Lさん自身がうつ状態で治療中であることなどを聞き取りました。これらの情報から、Pさんは、Jさん家族の介護負担が大きいこと、およびMくんがヤングケアラーである可能性をとらえました。

▶「ダブルケア」の問題とソーシャルワーク

　「ダブルケア」の問題に取り組むソーシャルワークでは、ケアを必要とする個人だけでなく、**家族全体**を支援の対象とします。例えばJさん世帯では、Jさんとその介護者である妻のKさん、娘のLさんなど、家族の課題とその相互作用によって生じるニーズを評価し、適切な支援を計画します。また、「ダブルケア」の背後には、虐待やMくんのようなヤングケアラーの問題などが潜む場合もあります。さらに、介護、医療、教育などの問題に対処するための**多職種連携**、**介護の社会化**、そしてそれを実現する**地域づくり**も「ダブルケア」問題に取り組むうえで重要です。

「ダブルケア」の問題を抱える家族全体への支援　図

Jさん家族のジェノグラム

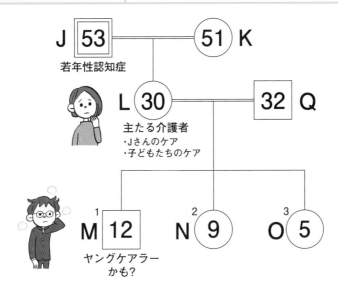

J [53] 若年性認知症 ── (51) K

(L 30) 主たる介護者
・Jさんのケア
・子どもたちのケア
── [32 Q]

M[12]¹ ヤングケアラーかも？　N(9)²　O(5)³

ダブルケアの問題に取り組むソーシャルワーク

家族システムへのアプローチ

多職種連携によるチームアプローチ

介護の社会化に向けたコミュニティワーク

ソーシャルアクション

26

「犯罪被害者」の問題

▶ 平穏な日常が打ち崩されてしまう事態

「犯罪被害者等」とは、犯罪等により害を被った者およびその家族または遺族を指します。具体的に、殺人・強盗、不同意性交等罪、放火等の凶悪犯、暴行・傷害等の粗暴犯等の刑法犯認知件数の総数（警察庁）は、2022（令和4）年は60万1389件です。

犯罪被害者等になると、その日を境に生活が一転します。司法の問題に加え、生活、住宅、就労・学校、精神的な問題などが、急に押し寄せてきます。

▶ 犯罪被害者支援の現状

2004（平成16）年に犯罪被害者等基本法が成立しました。近年、地方公共団体における犯罪被害者等に特化した支援条例もでき、民間被害者支援団体の支援も活発化してきました。2019（令和元）年には、全市区町村に「犯罪被害者等のための総合的対応窓口」*が設置されましたが、その窓口は市民に広く知られていません。

事件を警察に届け出たとしても、事件に関連した給付・支給・賠償等を「受けたことがある」犯罪被害者等は、約2割です（警察庁調査）。加害者から賠償金がほとんど支払われないなか、被害が自宅で起こった場合の住宅転居費や、生活費、医療費・介護費、育児や子どもの学習支援費等、さまざまな生活課題への手当は整っていません。地方公共団体で条例をつくり、見舞金制度等で対応しようとするところもありますが、金額やサービス内容は限られている現状です。また、犯罪被害者等の支援制度の拡充だけでなく、被害者がさらに傷つくことがないよう、周囲の親身なサポートも求められています。

※以下から検索できます
https://www.npa.go.jp/hanzaihigai/local/madoguchi_list.html（最終アクセス日2023年10月2日）

犯罪被害後に起こってくる影響

犯罪被害

↓影響

- 心身の不調
- 生活上の問題
- 周囲の人の言動による傷つき
- 加害者からのさらなる被害
- 捜査裁判に伴うさまざまな問題／負担

二次被害：被害者についての無理解や偏見などが原因となって、被害者がその心身に傷を受けること

再被害：一次被害の加害者から再び被害を受けること

被害後の影響

心身の不調	身体面、行動面、心理・感情面、思考・認知面の変化が生じる。PTSD、うつ病、パニック障害等に罹患することもある
生活上の問題	仕事・学業上の困難や、住居の問題、家族関係の変化、家事・育児の問題、きょうだいの問題、周囲の人間関係の問題が生じることがある
周囲の人の言動による傷つき	周囲の「お気持ちはよくわかります」「(亡くなった)お兄ちゃんの分まで頑張って」といった励ましの言葉で傷つくことがある
加害者からのさらなる被害	加害者やその関係者から、ネット上で個人情報を書き立てられたり、法廷で不誠実な言動をされたりすることで被害者が傷つく
捜査・裁判に伴うさまざまな問題／負担	この20年で司法改革が行われ、被害者の負担は軽減したものの、思い出したくないことを思い出したり、証人として尋問を要請されたりする

第1章 ソーシャルワーカーって何をする人？
第2章 人々のライフサイクルと暮らしの課題
第3章 ソーシャルワークが挑む課題
第4章 ソーシャルワークの具体的な流れ
第5章 ソーシャルワーカーに求められること
第6章 ソーシャルワークが大切にしている理論やモデル
第7章 今、ソーシャルワーカーが身につけたい技術

27

「犯罪被害者」の問題と ソーシャルワーク

■ 犯罪被害を受けたRさんの事例

　Rさんは、23歳会社員で、アパートで一人暮らしをしています。令和○年◎月△日、職場の懇親会後、普段一緒に働く仲間である同僚のSと自宅の方向が同じで、信頼感からアパートまで送ってもらいました。すると、アパートに着くやいなやSは、無理やりアパートに入り込みRさんを姦淫しました。Rさんは、訳がわからないまま呆然とし、一睡もできずに過ごしました。なお、加害者Sは、34歳で、家族（妻と子1人）がいる人でした。

　Rさんは、翌日からは会社に行くこともできず外に行くことさえできなくなってしまいます。Sからは、SNSで「絶対に口外するな」と口止めされています。被害から2日後、職場の上司に相談しました。上司は、人事課に相談のうえ、その地域の性犯罪・性暴力被害者のための**ワンストップ支援センター**に相談するようRさんを促しました。

■ ソーシャルワーカーによる支援

　Rさんが電話をすると、ソーシャルワーカーである相談員は、Rさんの状況を一つずつ丁寧に聞いてくれました。そのうえで、妊娠を防ぐ避妊ピルは72時間以内に服薬する必要があることなどを伝え、すぐに産婦人科に受診調整をしてくれました。ワンストップ支援センターで証拠採取をしてもらう説明を受けるなかで、警察に被害届を出すことも決めました。その後、相談員の手助けのもと引越しをし、精神科クリニックにも通い始め、落ち着いた日常を取り戻せるようになりました。

ワンストップ支援センターを通じた支援

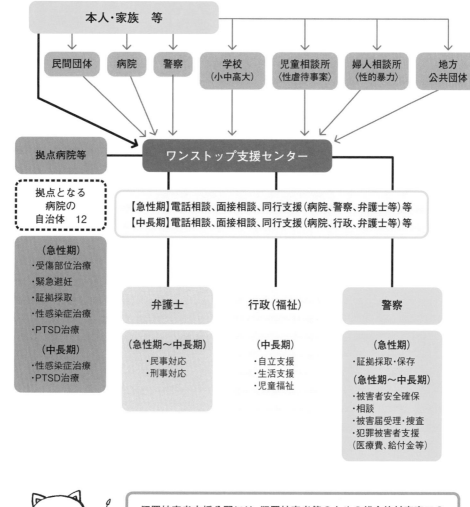

犯罪被害者支援分野には、犯罪被害者等のための総合的対応窓口のほか、**民間被害者支援センター**や性暴力・性被害に特化した**ワンストップ支援センター**があります。ソーシャルワーカーは、医療や警察などさまざまな機関がかかわる必要が出てくるコーディネート業務等を行うことが求められています。

28

「罪を犯した人」の問題

▶ 高齢者や障害者の増加

　日本での刑法犯の総数は減少してきていますが、高齢者の割合はどの世代よりも高い現状があります。また、2021（令和3）年の刑務所への新受刑者では、**高齢者**が13.8％、**知的障害の疑いがある人**が20％、**障害とはみなされないが境界知能**（IQ70～84）といわれる人たちも20％以上います。また、精神障害者も15.3％であり、刑務所のなかには高齢者や障害者が多くいることがわかります。これらの人たちは、出所後に不安定な生活環境に戻ることで、刑務所に戻ってくることも少なくありません。刑務所がセーフティネット（食事がとれて、布団もあり安全に過ごせる）となっている現状があります。また、知的障害者などはコミュニケーションに困難さがあるにもかかわらず、支援がないまま取り調べや裁判を経て刑務所に何度も入ってしまうことがあります。そのため、本人の障害等に対応した司法手続きが求められます。そして刑務所ではなく、地域のなかで安全・安心に暮らせる支援や仕組みづくりが必要となってきます。

▶ 社会とのつながりをつくること、回復すること

　ソーシャルワーカーが出会う罪を犯した人たちは、社会や人間関係から孤立していることが多いです。また、それにより適切な医療やケア、福祉サービスなどを知らない、つながれていない人がほとんどです。**「生きづらさ」**は、一つの問題ではなく、いくつもの要因が絡み合って生じます。例えば、知的障害があっても成人になるまで見過ごされている人も多くいます。障害に対するネグレクトと適切なケアが得られなかったこと、それにより生活が困難となり、孤立していきます。この**負のスパイラル**を変えて社会とつながり、人とつながることが生き直しにつながります。

新受刑者の年齢と状態

● 新受刑者の能力検査値（知的障害の疑いおよび境界知能のみ）

総数	49以下〜69	70〜79
16,152	3,273 （20.3%）	3,380 （20.9%）

● 新受刑者の年齢

総数	65〜69歳	70歳以上
16,152	858 （5.3%）	1,375 （8.5%）

● 新受刑者の精神診断

総数	精神障害なし	精神障害あり
16,152	13,642 （84.5%）	2,475 （15.3%）

罪を犯した人たちの「生きにくさ」を理解する

貧困や知識・情報がない	社会状況・福祉情報を知るための心の余裕がなく、また方法がわからないこと
家族関係の不全	幼少期からの虐待（暴力やネグレクト）、障害の否定と無理解
いじめ、虐待、偏見、差別	力がない人、弱い人として扱われ、自己肯定感や自己効力感が得られない
本人の疾患や障害	適切なケアやサポートが得られず、病状の悪化や行動のコントロールができなくなる

第1章 ソーシャルワーカーって何をする人？

第2章 人々のライフサイクルと暮らしの課題

第3章 ソーシャルワークが挑む課題

第4章 ソーシャルワークの具体的な流れ

第5章 ソーシャルワーカーに求められること

第6章 ソーシャルワークが大切にしている理論やモデル

第7章 今、ソーシャルワーカーが身につけたい技術

29 「罪を犯した人」の問題とソーシャルワーク

▶ 罪を犯したTさんの事例

Tさん（20代）は、統合失調症で服薬治療をしていましたが友人からもっとよく効く薬があると教えられ、大麻を使用し、大麻取締法違反で逮捕されました。弁護士に依頼されたソーシャルワーカーが、警察署にTさんに会いに何度か話を聞いたところ、統合失調症だけでなく知的障害もあるのではないかと考えました。また、幼少期から適切なサポートがされてきていないこともわかりました。Tさんは中学卒業後、仕事が覚えられず転々とし、家族とは縁が切れていました。逮捕前は、先輩の使い走りをしていることもわかりました。ソーシャルワーカーは、Tさんの生育歴から現在の生活、困難なこと、これからの生活の希望を聞き取り、必要な支援を検討しました。裁判の結果は執行猶予であり、裁判所に提出した**更生支援計画**をもとに、Tさんと地域の支援者とをつなぎ、必要な支援が提供されるよう調整を行いました。

▶ ソーシャルワーカーの役割

罪を犯した人のソーシャルワークは、司法領域のため特殊に感じるかもしれません。しかし、ソーシャルワーカーは再犯防止のための役割ではなく、**地域で安心して暮らす**ために本人の困難さを丁寧に読み解き、**本人と環境にはたらきかける**ことは変わりません。他方で、裁判などで出会う検察官や裁判官などに福祉的支援の必要性や更生支援計画について、説得力をもって伝える技術も求められます。罪を犯した人たちは生きづらさや今後の希望を言語化することが難しい人も多くいます。そのため、ソーシャルワーカーは**代弁者**としての役割も大変重要となってきます。

「被疑者等支援業務」とは

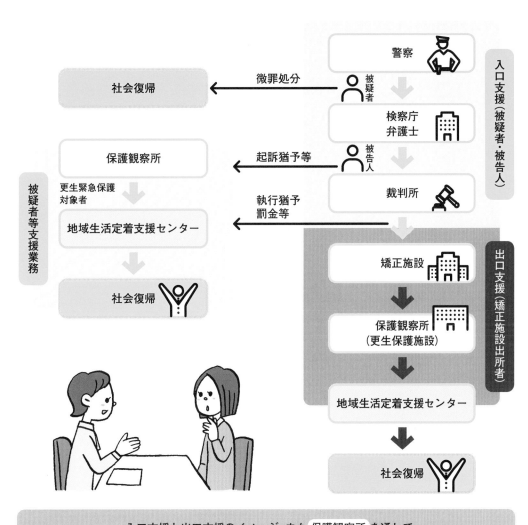

入口支援と出口支援のイメージ、また 保護観察所 を通して
被疑者等支援業務による支援もある

第 1 章　ソーシャルワーカーって何をする人？

第 2 章　人々のライフサイクルと暮らしの課題

第 3 章　ソーシャルワークが挑む課題

第 4 章　ソーシャルワークの具体的な流れ

第 5 章　ソーシャルワーカーに求められること

第 6 章　ソーシャルワークが大切にしている理論やモデル

第 7 章　今、ソーシャルワーカーが身につけたい技術

第3章引用文献

1）全日本精神薄弱者育成会『創立40周年記念全日本精神薄弱者育成会（手をつなぐ親の会）全国大会資料集』p.71、1991年
2）全国障害者問題研究会編『全障研三十年史──障害者の権利を守り、発達を保障するために』p.386、1997年
3）全国障害者解放運動連絡会議『全障連結成大会報告集』p.29、1977年
4）障害者の権利に関する委員会『日本の第1回政府報告に関する総括所見』https://www.mofa.go.jp/mofaj/files/100448721.pdf（最終アクセス日2023年10月2日）
5）名古屋市総務局総合調整部男女平等参画推進室「性的少数者（セクシュアル・マイノリティ）など性別にかかわる市民意識調査（調査結果報告書）」平成30年12月、p.45
6）電通ダイバーシティ・ラボ「LGBTQ＋調査 2020」
7）Mila Kingsbury, Nicole G. Hammond, Fae Johnstone and Ian Colman: Suicidality among sexual minority and transgender adolescents: a nationally representative population-based study of youth in Canada, CMAJ, pp.E767-E774,2022.

第3章参考文献

● 外務省"JAPAN SDGs Action Platform"ホームページ
https://www.mofa.go.jp/mofaj/gaiko/oda/sdgs/statistics/index.html（最終アクセス日:2023年10月2日）
● 厚生労働省「2022年 国民生活基礎調査の概況」
● OECD Date Poverty rate https://data.oecd.org/inequality/poverty-rate.html（最終アクセス日2023年10月2日）
● 内閣府「子供の貧困対策に関する大綱のポイント」（令和元年11月29日閣議決定）
● 厚生労働省「令和3年ホームレスの実態に関する全国調査（生活実態調査）の結果（詳細版）」
● 稲葉剛『ハウジングプア』、山吹書店、2009年
● 森川すいめい『漂流老人ホームレス社会』、朝日新聞出版（朝日文庫）、2015年
● 山口恵子・青木秀男編『グローバル化のなかの都市貧困』、ミネルヴァ書房、2020年
● 文部科学省平成29年度追加分析報告書『保護者に対する調査の結果と学力等との関係の専門的な分析に関する調査』国立大学法人お茶の水女子大学、2018年
● 文部科学省「令和3年度児童生徒の問題行動・不登校等生徒指導上の諸課題に関する調査結果」
● 杉本章『障害者はどう生きてきたか─戦前・戦後障害者運動史［増補改訂版］』現代書館、2008年
● 令和2年度子ども・子育て支援推進調査研究事業『ヤングケアラーの実態に関する調査研究報告書』三菱UFJリサーチ＆コンサルティング株式会社
● 内閣府男女共同参画局
https://www.gender.go.jp/international/int_syogaikoku/int_shihyo/index.html（最終アクセス日2023年10月2日）
● 内閣府男女共同参画局「男女間における暴力に関する調査報告書 令和3年3月」
● 内閣府男女共同参画局「配偶者からの暴力被害者支援情報 支援の関係機関」
https://www.gender.go.jp/policy/no_violence/e-vaw/shien/index.html（最終アクセス日2023年10月2日）
● OECD "Over the Rainbow? The Road to LGBTI Inclusion"
● 厚生労働省「福祉行政報告例 各年版」
● 厚生労働省「令和3年度福祉行政報告例の概況」
● 内閣府「令和4年版 高齢社会白書」
● 厚生労働省「雇用動向調査」
● 岩間伸之・原田正樹『地域福祉援助をつかむ──いま『地域福祉援助』が必要な理由』有斐閣、2012年
● 内閣府男女共同参画局「育児と介護のダブルケアの実態に関する調査」平成28年
● 厚生労働省委託調査：三菱UFJリサーチ＆コンサルティング株式会社「仕事と介護の両立に関する実態把握のための調査研究事業報告書」平成25年
● 内閣府男女共同参画局「性犯罪・性暴力被害者のためのワンストップ支援センター強化検討会議（第1回） 資料4 ワンストップ支援センターについて」
● 法務省「矯正統計資料」2021年
● 厚生労働省「罪を犯した高齢者・障害者に寄り添う 生きづらさを解きほぐす福祉の力」
https://www.mhlw.go.jp/stf/houdou_kouhou/kouhou_shuppan/magazine/202112_00001.html（最終アクセス日2023年10月2日）

ソーシャルワークの
具体的な流れ

01

クライエントに出会う
（ケース発見）

クライエントが相談機関を訪れる

　ケース発見には大きく三つのパターンがあります。一つ目は**クライエントが直接相談機関を訪れる場合**です。クライエントが困っていると感じている場合、相談機関を訪れて相談することが多いです。例えば、クライエントが「介護が必要だから相談してみよう」と考えて地域包括支援センターを訪れることや「子育てに悩みがあるから相談してみよう」と考えて児童家庭支援センターを訪れることなどです。

ソーシャルワーカーがクライエントを訪れる

　二つ目は、**ソーシャルワーカーがクライエントを訪れる場合**です。支援が必要なクライエントのなかには支援が必要だと思っていないケースがあります。例えば、近隣住民から「隣の家の子どもがいつも大きな声で泣いている」と児童相談所に相談があった場合、ソーシャルワーカーは自宅を訪問します。このようにクライエントからの訴えがなくても、クライエントに出会って困りごとを発見することは重要です。

相談機関から紹介される

　三つ目は、**ほかの相談機関から紹介される場合**です。一つの相談機関ですべての困りごとを解決することが難しいことがあります。例えば、地域包括支援センターへ「子育てと介護を同時に行っていて大変です」と相談があった場合、地域包括支援センターは、児童家庭支援センターを紹介し、互いに連携をしながら困りごとを解決していきます。

ケース発見の3つのパターン

1 クライエントが相談機関を訪れる

3 相談機関から紹介される

2 ソーシャルワーカーがクライエントを訪れる

ケース発見時のポイント

クライエントが相談機関を訪れてきたときのポイント

- 話しやすい雰囲気づくりを心がける
- 話しやすいことから話してもらう

ソーシャルワーカーがクライエントを訪れるときのポイント

- 相手が警戒しないような話し方を心がける
- 話すことを嫌がる場合は、無理して話すのは止める

ほかの相談機関から紹介されたときのポイント

- 他機関がどのようなことを求めているのかを確認する
- 他機関がクライエントに対してどのように紹介しているのかを確認する

第1章　ソーシャルワーカーって何をする人？

第2章　人々のライフサイクルと暮らしの課題

第3章　ソーシャルワークが挑む課題

第4章　ソーシャルワークの具体的な流れ

第5章　ソーシャルワーカーに求められること

第6章　ソーシャルワークが大切にしている理論やモデル

第7章　今、ソーシャルワーカーが身につけたい技術

02

援助関係を結ぶ
（エンゲージメント）

▶ **エンゲージメントの目的**

　クライエントの困りごとを一緒に解決していくためには、ソーシャルワーカーの**役割の説明**、**主訴の把握**、**援助関係の構築**が必要です。まず、ソーシャルワーカーは自分自身の役割と援助ができる範囲について説明します。これはクライエントがソーシャルワーカーに期待していることと、ソーシャルワーカーができることに相違がないようにするためです。クライエントが望むことと、ソーシャルワーカーができることに相違があった場合は、適切な機関に**紹介**します。

▶ **よい援助関係を結ぶためには？**

　主訴の把握やクライエントと良好な援助関係を結ぶために重要なことは、「クライエントに関心をもって、じっくりと話を聴くこと」です。最初の面談では、クラエントは緊張していたり、不安を抱えていたりすることが多いです。そのため、クラエントの緊張をほぐすことを心がけながら話を聴いていきます。また、「〇〇ということですか」と話を要約することや、「今までとても頑張ってこられたんですね」と励ますことで、少しずつ相手の安心や信頼を得ながら、関係を構築していきます。このようにコミュニケーションをとることで、だんだんと困りごとの中核に近づくことができるでしょう。

　クライエントが自分自身の困りごとを的確に言語化することは難しいものです。また、本当に困っていることを伝えられるとも限りません。ソーシャルワーカーは、早急に「これがクライエントの困りごとである」と断定せず、クライエントの語っている内容を大事に、柔軟にかかわることが重要です。

　これら一連の流れを実施することで良好な援助関係を結ぶことができるでしょう。

エンゲージメントの注意点　図

第1章　ソーシャルワーカーって何をする人？

第2章　人々のライフサイクルと暮らしの課題

第3章　ソーシャルワークが挑む課題

第4章　ソーシャルワークの具体的な流れ

第5章　ソーシャルワーカーに求められること

第6章　ソーシャルワークが大切にしている理論やモデル

第7章　今、ソーシャルワーカーが身につけたい技術

エンゲージメントに求められること

役割の説明

- ソーシャルワーカーができること（相談に乗る、話を聞く、制度やサービスを紹介するなど）を伝える
- ソーシャルワーカーができないことを説明する
- クライエントを支援できる機関を紹介する

主訴の把握

- 相談者が困っていることを確認する
- 困っている内容と解決すべき課題を整理する
- 優先して取り組むべき課題を見出す

援助関係の構築

- 相手に共感し、受容する
- あいづち、うなずき、視線などで安心感を与えるよう意識する
- クライエントを批判するようなことは言わない
- 相談内容は絶対に漏らさない

よい援助関係を結ぶ言葉がけ

困難な状況を
乗り越えられてきたのですね

よくここまで
来てくださいました

今までとても頑張って
こられたんですね

ゆっくりご自身のペースで
お話くださいね

そうだったのですね、
つらかったですね

お話していただき、
ありがとうございます

一緒に考えていきましょう

つまり、〇〇で困って
いらっしゃるということでしょうか

03
情報を収集して分析する
（アセスメント）

▶ 情報収集が大切

　アセスメントとは、クライエントを取り巻くさまざまな情報を収集し、その情報をもとに**問題状況を分析**することです。収集する情報は身体、心、環境に関することなど多岐にわたります。例えば、年齢、使用している社会資源、暮らし向き、参加している地縁組織（近隣とのかかわり）、困りごと、困りごとを生み出している要因、価値観、家族関係、これまでの困りごとに関する解決方法、地域特性などの情報です。加えて、児童領域であれば、学校や友人関係、医療領域であれば、疾病や予後など分野によって集める情報を追加することが必要です。

　ただし、集める情報は個人情報であるため、すべての情報を収集するのではなく、プライバシーに配慮しながら**問題解決に必要と考えられる情報**のみ収集します。

▶ 情報収集の方法と分析

　一つ目は、**クライエント本人**から集めます。クライエント本人がどのように困っていると感じているのか、どのようになったら望ましい生活と考えているかなど主観的な情報を収集することが可能です。二つ目は、家族、ほかの専門職など**本人のことを知っている人**から集めます。集める情報は、家族からみた本人の困りごとや、専門職が見立てた客観的状況などです。三つ目は、地域の社会資源や地理的条件など民生委員や近隣住民、インターネットなどからクライエントが地域生活を営むうえで必要な情報を集めます。

　集めた情報は**ジェノグラム**や**エコマップ**を利用して可視化し、クライエントと共有すると情報の精度が高まります。得られた情報をもとに多角的に検討して具体的な援助計画を立案します。

ジェノグラムとエコマップ　図

ジェノグラムの描き方の例

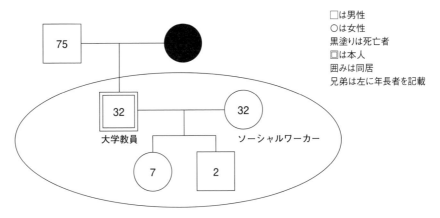

□は男性
○は女性
黒塗りは死亡者
□は本人
囲みは同居
兄弟は左に年長者を記載

本書で示した図は一例であり、ジェノグラムはさまざまな表現方法があります。

エコマップの描き方の例

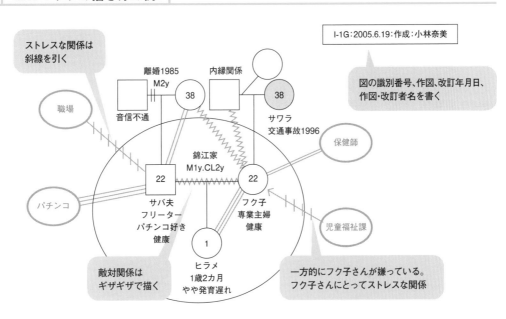

出典：小林奈美『実践力を高める家族アセスメントPart I ジェノグラム・エコマップの描き方と使い方―カルガリー式家族看護モデル実践へのセカンドステップ』医歯薬出版、p.62、2009年

03　情報を収集して分析する（アセスメント）　113

04

解決の道筋を考える
（プランニング）

▶ ケアプランとは

　アセスメントで明らかになった困りごとやクライエントを取り巻く環境を分析した後、どのように解決していくか具体的な計画を立てることをプランニングといいます。さまざまな計画がありますが、例えば、高齢者分野では**ケアプラン（介護サービス計画）**、医療分野では**退院支援計画**、障害分野では**サービス等利用計画**などが該当します。短期、中期、長期に分けて計画を立てることが一般的です。

▶ ケアプランの作成手順とポイント

　プランニングは、クライエント本人と協働で作成していくことが望ましいです。プランニングの作成手順は、**困りごとの優先順位**、プランにおけるクライエントの役割、利用する社会資源などを決めます。プラン作成の注意点は、**実現可能であること**、わかりやすく具体的であること、ポジティブに記載することです。たとえどんなにすばらしいプランができあがったとしても、最初から絶対に達成できないような目標では意味がありません。達成が少し難しいと思うが、なんとか達成可能な目標がよいでしょう。達成が難しい目標は、目標を細分化して少しずつ達成していくスモールステップが有効です。また、プランをみたときにクライエント自身が理解でき、実行できることも重要です。

　プランを作成していくなかでソーシャルワーカーが考えるプランとクライエントが考えるプランには、ずれが生じることがあります。この場合、クライエントとよく話し合い、クライエントの希望を尊重しつつ、本当に望ましい生活になるかを専門職の視点で改めて検討していくことが必要です。対話を通して双方が納得できるプランを作成することが重要です。

ケアプランの例

第1表

居宅サービス計画書(1)　　作成年月日　令和5年8月23日

初回 ・ 紹介 ・ 継続　　認定済 ・ 申請中

利用者名　山田　太郎　殿　　　生年月日　昭和18年2月4日　　住所　　○○県○○市
居宅サービス計画作成者氏名　　鈴木　花子
居宅介護支援事業者・事業所名及び所在地　　○○居宅介護支援事業所・○○県○○市
居宅サービス計画作成(変更)日　令和4年3月23日　　初回居宅サービス計画作成日　　令和3年5月25日
認定日　令和5年7月15日　　　認定の有効期間　令和5年9月1日　～　令和6年8月31日

要介護状態区分　　要介護1　・　要介護2　・　要介護3　・　要介護4　・　要介護5

利用者及び家族の生活に対する意向を踏まえた課題分析の結果	(本人)お風呂に入りたいけれど、今は背中が痛いです。このままどうなっていくのか、不安です。できれば、自宅に戻って、穏やかに過ごしたいです。 (長女)母の「自宅で過ごしたい」という思いを実現できるよう、無理のない範囲で介護など協力したいと思います。また、母の痛みを減らしてあげてほしいです。 (今後の方向性)病気(大腸がん)の進行に伴う背中の痛みをコントロールしながら、自宅で過ごせるようサポートします。
介護認定審査会の意見及びサービスの種類の指定	記載なし。
総合的な援助の方針	支援チームとしては、痛みの状況を常に観察します。本人の痛みが強い場合には、すぐにかかりつけ医(○○医院　△△△－×××)、もしくは訪問看護(訪問看護ステーション○○　△△△－×××)に連絡し、指示を受けます。
生活援助中心型の算定理由	1.一人暮らし　　2.家族等が障害、疾病等　　3.その他(　　　　　　　　　　　　　　　　)

サービス等利用計画書の例

サービス等利用計画

利用者氏名	○○　○子	障害程度区分	区分5	相談支援事業者名	○○相談支援センター
障害福祉サービス受給者証番号	1234567890	利用者負担上限額	9300円	計画作成担当者	○○　○○
地域相談支援受給者証番号					

計画作成日	2012年5月1日	モニタリング期間(開始年月)	3か月 (2012年7月～10月)	利用者同意署名欄	○○　○子

利用者及びその家族の生活に対する意向(希望する生活)	障害者支援施設○○○の生活を続け、いろんな事を経験したい。出来な事を手伝ってもらいながら生活したい。(本人) イライラをなくしたい。(本人) 今は不安だけど、将来はグループホームで生活し、クッキー作りの仕事をしてみたい。(本人) 障害者支援施設○○○で楽しく頑張って生活してほしい。(両親)
総合的な援助の方針	将来の目標である地域での生活を実現するために、情緒の安定を図りながら、本人が希望する生活・社会体験を多く取り入れ自信や意欲を高め、希望の持てる生活を築く。
長期目標	生活・社会体験をたくさん取り入れ、地域生活のイメージを膨らませながら、地域で自立した生活が送れるように見通しを持つ。　　(1年)
短期目標	情緒の安定を図り、将来の夢を語り合いながら、目標を持った生活をめざす。　　(6か月)

優先順位	解決すべき課題(本人のニーズ)	支援目標	達成時期	福祉サービス等		課題解決のための本人の役割	評価時期	その他留意事項
				種類・内容・量(頻度・時間)	提供事業者名(担当者・電話)			
1	イライラをなくし落ち着いた生活をしたい。	日中活動(生活介護)に参加し、仲間を見つけて、楽しく過ごす。	2013年4月	・生活介護事業(週5日) ・施設入所支援(毎日)	障害者支援施設○○○ 担当者　○○○○ *****-***-****	困った時に一番相談しやすい人を見つけておく。 不調を伝える、定期受診、毎日薬を服用する。	2012年10月	相談支援専門員が悩みを聞き相談にのる。
2	仕事をしたい(クッキーづくりをしたい。)	自分の得意な事を活かし、日中活動に参加する。色々な就労継続支援B型事業所の見学や社会体験をしてみる。	2013年4月	・生活介護事業(週5日) ・地域の就労継続支援B型事業所見学(月1回程度) (相談支援センター同行)	障害者支援施設○○○ *****-***-**** ○○相談支援センター 担当者　○○○○	新しい仕事にチャレンジする。 見学したい就労継続支援B型事業所を決める。	2012年10月	見学・体験プランの作成を行い、目標をもって活動できるように配慮する。
2	グループホームで生活したい。	グループホーム、ケアホームの見学や体験を行う。	2013年4月	・生活介護事業(随時) ・グループホーム、ケアホームの見学や勉強会(月1回)※見学(3か月に1回)※宿泊体験(年1～2回)(相談支援センター同行)	障害者支援施設○○○ *****-***-**** ○○相談支援センター 担当者　○○○○	見学したいグループホーム・ケアホームを選ぶ。	2012年10月	体験により、将来の生活ビジョンを一緒に考え、地域生活のイメージを持つ。関係機関、事業所とのサービス等調整会議を定期的に行う。
1	買い物をしたい。	支援者と一緒に買物をする。	2012年10月	・生活介護事業(週5日)	障害者支援施設○○○ 担当者　○○○○ *****-***-****	買いたい物のリストを作る。	2012年7月	
1	衣類の整理整頓を上手くしたい。	日常生活の中で整理整頓の支援を受け、上手になる。	2012年10月	・生活介護事業(週5日) ・施設入所支援(毎日)	障害者支援施設○○○ 担当者　○○○○ *****-***-****	出来る事は自分でする。 困った時は支援員と一緒に行かい方法を覚える。	2012年7月	
2	お金の管理を上手くしたい。	日常生活自立支援事業について学ぶ。	2012年10	○○社会福祉協議会(随時)(相談支援センター同行)	○○市社会福祉協議会 *****-***-**** 担当者　○○○○	小遣い帳をつける。	2012年7月	両親に日常生活自立支援事業について説明し、理解を得るための話し合いを行う。

05

支援を実施する

▶ **支援の実施のポイント**

　アセスメントと支援計画に基づいて支援が実施されます。具体的な内容の前に実施の
ポイントについて紹介します。

　ソーシャルワークの特徴は、人と環境の交互作用にはたらきかけることにあります。
そのため、支援計画に基づき、①**人**、②**環境**、③**人と環境の接点**に対して支援を実施し
ます。①人に対しては、対処能力の強化（coping）、自己効力感の強化など、②環境に
対しては、社会資源の開発など、③人と環境の接点については、クライエントが実際に
社会資源を活用したり、利用が難しい場合は利用できるように調整したりすることを行
います。

▶ **退院支援の一例**

　HIV 感染症を理由に退院が困難な人の例で考えてみます。①人に対しては、HIV 感染
者を取り巻く状況（転院、就労、医療費、差別など）を理解できるように情報提供、ア
ドボカシー、教育を実施して対処能力や自己肯定感の強化を図ります。②環境に関して
は、HIV 感染症に関して退院（転院）を困難にさせている理由等を調査して、必要に応
じて関係医療機関への説明や、市町村の担当部署と一緒に退院（転院）できる体制を整
えます。③人と環境の接点については、仮に退院（転院）できる体制が整ったとしても、
クライエントがうまく対応できない場合があるので、クライエントが対応できるよう
に、他機関に連絡・調整を実施します。

　このように、①人、②環境、③人と環境の接点すべてにはたらきかけることがソー
シャルワーク支援の特徴といえます。

支援計画に基づく支援

①人	②環境	③人と環境
・ストレス等に対処するための方法を伝える ・社会生活に必要なコミュニケーションスキルを教える ・ストレングス（強み）を引き出す ・自己効力感*を強化する	・利用できるインフォーマルサポートを探す ・市町村や都道府県等にはたらきかけ、新しい制度・サービスの創設を目指す	・クライエントの気持ちや意思を代弁して、第3者に伝える ・サービス利用の手続きを手伝う

＊自己効力感
自己効力感とは、ある結果（目標の達成）をもたらすために必要な一連の行動を計画し、遂行する能力に対する信念と定義される。自己効力感が高い人は、困難な問題の解決でも努力でき、失敗への耐性が強いことがわかっている

支援計画に基づく転院支援の例

人に対する支援と環境に対するはたらきかけを一体的かつ相互的に行い、クライエントに結びついていない社会資源につなげる

クライエント（人） ← 人と環境の接点 → 医療機関等（環境）

・HIV感染症に関する正しい情報の提供
・利用できる制度の紹介
・自己肯定感が高まるはたらきかけ

・HIV感染者への誤解を解くはたらきかけ
・転院できる体制整備の依頼

ソーシャルワーカー

第1章 ソーシャルワーカーって何をする人？

第2章 人々のライフサイクルと暮らしの課題

第3章 ソーシャルワークが挑む課題

第4章 ソーシャルワークの具体的な流れ

第5章 ソーシャルワーカーに求められること

第6章 ソーシャルワークが大切にしている理論やモデル

第7章 今、ソーシャルワーカーが身につけたい技術

06
支援の結果を確認する
（モニタリング）

▶ モニタリングの目的

　モニタリングとは支援計画が予定どおりに進んでいるか、どの程度目標が達成できているかを確認することです。どんな計画でも計画どおりに進むということはなかなかありません。例えば、「近隣の方のインフォーマルな支援を組み込んだ支援計画を立てていたが、想像していたより支援が大変で、近隣の方の支援を受けることができなくなった」や、「想像していたより訪問介護のサービスを利用しなくても生活が可能だった」などが考えられます。

▶ モニタリングの方法

　モニタリングは、ソーシャルワーカーがクライエントに対して**定期的に面接**をして状況を確認します。面接時に、計画が予定どおりに進んでいるのか、困りごとが解決できているか、クライエントが計画に参加できているかなど確認します。また、利用しているサービス機関からの情報も大切です。

　必要に応じてクライエント、関係機関が集まって**カンファレンス**を実施することもモニタリングには有効です。カンファレンス時、クライエントは専門職に圧倒されてしまう可能性があるので、話しやすい雰囲気づくりや話す機会の確保が必要です。

　これらのモニタリングを通して、計画どおりになっていなければ再アセスメントをして改めて計画を立て直します。基本的に再アセスメントはアセスメントと同じ過程で実施します。また、なぜアセスメントに基づき立案した支援計画を修正しなければならないことになったのかについて考察することも重要です。

モニタリング時のチェックポイント

- ☑ サービス利用前後の生活の変化
- ☑ 病気の進行や回復等の変化
- ☑ 本人の精神的な変化
- ☑ 家庭内の関係性の変化
- ☑ 地域との関係性の変化
- ☑ 環境の変化
- ☑ 目標の達成度合い

モニタリングのタイミング

①サービス開始後

サービス利用直後は、これまでの生活リズムから大きな変化がある

②サービス利用が安定しているとき

サービス利用が安定しているようにみえるときでも、利用者に変化が生じているかもしれない

③クライエントから申し出があったとき

どのようなことで困っているか確認する必要がある

④目標期間が終了したとき

目標の達成度合いや目標設定の適切さなどを確認する

⑤他職種から申し出があったとき

クライエントに直接かかわる支援者の意見は大切

⑥クライエントの状態が急変したとき

病気などによってクライエントのADLが変化する可能性がある

07

支援を振り返り、評価する（エバリュエーション）

▍目標が達成されたのかをクライエントと一緒に振り返る

支援計画に基づき支援が進み、モニタリングによって目標の達成に近づいているとソーシャルワーカーが判断した段階で、支援の終結を検討するための評価を行います。具体的には、①支援計画に基づく目標が支援の実施によって達成されたか、②クライエントの望む最終的な目標は達成されたか、③引き続き支援が必要か、それとも終結できるか、といった点について、クライエントと一緒に支援を振り返りながら評価します。この作業を**事後評価（エバリュエーション）**といいます。

▍事後評価の意義

事後評価は、クライエントとともに支援を振り返ることで、**支援の有効性**（効果があったのか）、**倫理性**（ルールやクライエントの権利が守られていたか）、**合理性**（理論的な根拠に基づいていたか）などを評価します。これは、クライエントの支援に関する評価であるとともに、ソーシャルワーカー自身の支援と専門性を見直す機会でもあります。

▍事後評価の方法

事後評価のための情報は、これまでの記録の再読、面接や会議によるクライエントや関係者との援助関係の振り返りなどから、集めます。また、クライエントの生活の場に出向き、そこでの様子を直接確認することも大切です。こうして集めた情報を記録し、その記録に基づき、クライエントとの面談、関係者などが参加する支援会議、事例研究やスーパービジョンなどを行い、事後評価をします。事後評価を積み重ね、ソーシャルワーカーは**自らの支援する技能を高め**、所属機関、施設の役割や機能の拡充を図ります。

事後評価の意義

クライエントの望む
最終的な目標の達成の確認

相互確認

支援の有効性、倫理性、
合理性の確認

ソーシャルワーカーの
技能向上、成長

- 目標、課題の達成の確認
- 支援の継続の要否の検討

所属する機関・施設の
役割や機能の拡充

事後評価の方法

情報を集める	情報の記録化	事後評価
これまでの記録の再読		事例研究
クライエント・関係者とのミーティングによる振り返り		クライエントとの振り返り
生活の場への訪問		スーパービジョン（熟達者からの教育指導）

第1章 ソーシャルワーカーって何をする人？

第2章 人々のライフサイクルと暮らしの課題

第3章 ソーシャルワークが挑む課題

第4章 ソーシャルワークの具体的な流れ

第5章 ソーシャルワーカーに求められること

第6章 ソーシャルワークが大切にしている理論やモデル

第7章 今、ソーシャルワーカーが身につけたい技術

08 支援を終える
（ターミネーション）

支援をどのように終えるのか

事後評価によって支援目標の達成が確認されたり、クライエントの生活に変化が生じてソーシャルワーカーの支援が不要になったりしたときには、支援を終結します。このことを**ターミネーション**といいます。ターミネーションの段階では、困りごとがなくなって急に支援を終わらせるのではなく、クライエントと一緒に支援の振り返りをします。

支援の成果を確認する

ターミネーションのポイントは、困りごとが解決したかどうかです。そもそも、さまざまな困りごとがあったからこそ支援を実施していたはずです。困りごとが解決していなければ、支援は終結できません。また、ソーシャルワーカーの支援がなくても、クライエントが自分らしく暮らすことが可能かどうかということも支援の終結を判断するポイントです。ソーシャルワーカーによる支援の終結後は、周囲の支えを得ながらも、クライエント自身の力で生活することになります。そのため、今後の生活に問題ないか、問題が発生した場合はどこに助けを求めるか、どのようにクライエント自身は行動するかなどを確認することが重要です。

こうした最後の振り返りをクライエントとともに行い、問題なければクライエントとソーシャルワーカーとの関係が終結するときが近づきます。人によっては、長い期間、支援関係が結ばれていることもあります。友人関係などの人間関係と同様に、別れはつらいものです。それに加えて、クライエントには「本当に支援なしでも大丈夫だろうか」といった不安があります。だからこそ、ソーシャルワーカーはクライエントと協働でケースの振り返りをして、お互いに不安なく援助関係を終結させることが重要です。

支援の終結を判断するポイントとその流れ 図

支援の終結の過程

ソーシャルワーカー・クライエント双方の間でなされてきた取り組みと成果

振り返り

要約　　評価

ソーシャルワーカー・クライエント双方の合意

ソーシャルワーカー・クライエント関係の解消

出典：一般社団法人日本ソーシャルワーク教育学校連盟編集『最新社会福祉士養成講座ソーシャルワークの理論と方法［共通科目］』中央法規出版、p.107、2021年

支援を解消する際のチェックリスト

例

- ☑ クライエントの困りごとが解決している
- ☑ クライエント自身が困りごとへの対処方法を身につけている
- ☑ 問題が発生した際、クライエント自身が助けを求められる
- ☑ クライエントの自己効力感が十分にある
- ☑ クライエント自身を取り巻くソーシャルサポートがある
- ☑ クライエント自身が支援結果に満足している
- ☑ クライエントとソーシャルワーカー双方が支援終了に納得している

09

支援を終えた後の暮らしをフォローする（アフターケア）

■ アフターケア（フォローアップ）とは

　支援が終了した後、必要に応じてアドバイスや生活状況の確認、ちょっとした悩みごとの相談を受けることを**アフターケア**と呼びます。自ら支援を望んだわけではないクライエント（インボランタリー・クライエント）のケース終結後は、特にアフターケアが必要といえます。その理由は、問題解決の動機が薄い傾向があり、問題再発の可能性が高いからです。また、短い相談やアドバスで解決できない場合は、再度解決すべきケースとして、支援を開始することになります。

■ アフターケアの実際

　ターミナルケア（治癒の見込みがなく、死期が近づいた患者に対し、患者の人格を尊重したケア中心の包括的な援助を行うこと）を実施した医療ソーシャルワーカーに関するアフターケアの事例を紹介します。

　医療ソーシャルワーカーが在宅でターミナルケアを受けることができるように訪問医師の調整など療養環境を整え、最後は穏やかにクライエントを見送り、ケース終了となりました。その後、配偶者から「亡くなってから活力が出ない。少し話を聞いてほしい」と相談があり、一回相談にのりました。ここで、支援が終了すればアフターケアといえます。

　例えば、「亡くなってから活力が出ない」状態が日常生活に支障をきたすレベルであれば心療内科にリファーする、グリーフケアを実施するといったことが必要となり、配偶者を対象にアセスメントを実施して支援計画を立てることになるでしょう。

第1章 ソーシャルワーカーって何をする人?

第2章 人々のライフサイクルと暮らしの課題

第3章 ソーシャルワークが挑む課題

第4章 ソーシャルワークの具体的な流れ

第5章 ソーシャルワーカーに求められること

第6章 ソーシャルワークが大切にしている理論やモデル

第7章 今、ソーシャルワーカーが身につけたい技術

児童養護施設等における退所後の主なアフターケア事業

退所後の支援

・住居、家庭等生活上の問題の相談支援
・就労と生活の両立に関する問題等の相談支援
・児童が気軽に集まる場の提供、自助グループ活動の育成支援

退所後の就業支援

・適切な職場環境の確保
・雇用先となる職場の開拓
・就職面接等のアドバイス
・事業主からの相談対応を含む就職後のフォローアップ

アフターケアの効果

クライエントの不安を和らげる

新たな課題の発生の早期発見・早期介入につながる

新たな環境にスムーズに馴染みやすくなる

課題の再燃を予防できる

第 4 章 参考文献

- 日本相談支援専門員協会「平成23年度厚生労働省障害者総合福祉推進事業サービス等利用計画作成サポートブック平成25年6月改訂第2版」

ソーシャルワーカーに
求められること

01 ソーシャルワーカーの 使命と役割（グローバル定義）

■ ソーシャルワーク専門職のグローバル定義に対する考え方

2014年、国際ソーシャルワーカー連盟と国際ソーシャルワーク学校連盟が**ソーシャルワーク専門職のグローバル定義**を採択しました。この定義には、ソーシャルワーカーがさまざまな問題に対してどのように向き合い、どのように解決していくのかについて明確に定められています。この定義をベースとしてソーシャルワーカーはソーシャルワーク実践をしなければなりません。高齢者、障害者など、どの分野であってもこの定義が基本となります。

■ ソーシャルワーク専門職のグローバル定義の内容

「ソーシャルワークは、社会変革と社会開発、社会的結束、および人々のエンパワメントと解放を促進する、実践に基づいた専門職であり学問である。社会正義、人権、集団的責任、および多様性尊重の諸原理は、ソーシャルワークの中核をなす。ソーシャルワークの理論、社会科学、人文学、および地域・民族固有の知[注1]を基盤として、ソーシャルワークは、生活課題に取り組みウェルビーイングを高めるよう、人々やさまざまな構造に働きかける[注2]。この定義は、各国および世界の各地域で展開してもよい[注3]」と定義されています。この定義は抽象的であり、このまま理解して実践することは難しいでしょう。そのため、次ページ以降この定義を具体的に実践するために必要な指針となる**倫理綱領**の内容を具体的にみていきたいと思います。

第 1 章 ソーシャルワーカーって何をする人？

第 2 章 人々のライフサイクルと暮らしの課題

第 3 章 ソーシャルワークが挑む課題

第 4 章 ソーシャルワークの具体的な流れ

第 5 章 ソーシャルワーカーに求められること

第 6 章 ソーシャルワークが大切にしている理論やモデル

第 7 章 今、ソーシャルワーカーが身につけたい技術

ソーシャルワーク専門職のグローバル定義 図

ソーシャルワーク専門職の中核となる任務

① 社会変革

② 社会開発

③ 社会的結束

④ 人々のエンパワメントと解放

グローバル定義の注釈

注釈は左頁で示した定義に用いられる
中核概念を説明しています。

注1

「地域・民族固有の知（indigenous knowledge）」とは、世界各地に根ざし、人々が集団レベルで長期間受け継いできた知を指している。中でも、グローバル定義の注釈の「知」の節を見ればわかるように、いわゆる「先住民」の知が特に重視されている

注2

この文の後半部分は、英語と日本語の言語的構造の違いから、簡潔で適切な訳出が非常に困難である。グローバル定義の注釈の「実践」の節で、ここは人々の参加や主体性を重視する姿勢を表現していると説明がある。これを加味すると、「ソーシャルワークは、人々が主体的に生活課題に取り組みウェルビーイングを高められるよう人々に関わるとともに、ウェルビーイングを高めるための変革に向けて人々とともにさまざまな構造に働きかける」という意味合いで理解すべきであろう

注3

今回、各国および世界の各地域（IFSW／IASSWは、世界をアジア太平洋、アフリカ、北アメリカ、南アメリカ、ヨーロッパという5つの地域＝リージョンに分けている）は、このグローバル定義を基に、それに反しない範囲で、それぞれの置かれた社会的・政治的・文化的状況に応じた独自の定義を作ることができることとなった。これによって、ソーシャルワークの定義は、グローバル（世界）・リージョナル（地域）・ナショナル（国）という3つのレベルをもつ重層的なものとなる

02
社会の不正義に立ち向かう（社会正義）

社会正義はソーシャルワークの中核概念

　ソーシャルワーカーには専門職として身につけるべき価値観や行動を示した**倫理綱領**があります。そのなかに「ソーシャルワーカーは、差別、貧困、抑圧、排除、無関心、暴力、環境破壊などの無い、自由、平等、共生に基づく**社会正義の実現をめざす**」とあります。社会正義はソーシャルワークの中核の一つであり、非常に重要な概念です。しかし、抽象的な言葉でありイメージすることが難しいかもしれません。

社会正義の考え方

　社会正義とは、不当な差別、教育機会の損失、ＤＶ被害、社会からの排除等といった不平等・不公正な状況を生み出している社会構造を容認せず、クライエントが安心して暮らすことができる社会構造をつくるために努力することです。

社会正義の実現のためにできること

　一例として、貧困と社会正義の関係を考えてみます。貧困にいたる経緯は、個人的な原因だけでなく、社会構造に多くの影響を受けています。例えば、「就職氷河期に正社員として就職できず、非正規雇用で、奨学金の返済に追われている」「コロナ禍で会社が倒産した」などは、社会構造に影響を受けた一例です。このような状況において、ソーシャルワーカーは社会的に弱い立場にあるクライエントに対する個別支援だけでなく、法制度の適切な運用の支援や、社会資源の開発など、**社会構造の変化**を促していきます。これらの考え方や支援がソーシャルワークの社会正義です。

不平等・不公正な社会構造

性差別	民族差別	障害差別
宗教差別	所得格差	世代間格差
テクノロジーによる格差	地域格差	教育格差

社会構造にはたらきかける手法の例

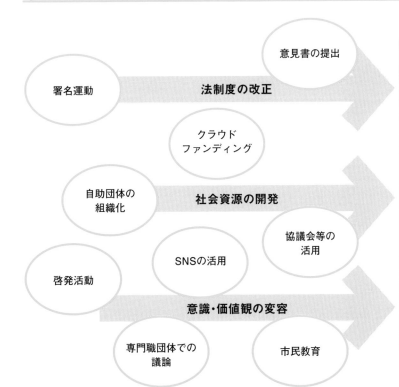

署名運動　意見書の提出　**法制度の改正**

クラウドファンディング　自助団体の組織化　**社会資源の開発**

SNSの活用　協議会等の活用　啓発活動　専門職団体での議論　市民教育　**意識・価値観の変容**

不平等・不公正な社会構造

第1章　ソーシャルワーカーって何をする人？
第2章　人々のライフサイクルと暮らしの課題
第3章　ソーシャルワークが挑む課題
第4章　ソーシャルワークの具体的な流れ
第5章　ソーシャルワーカーに求められること
第6章　ソーシャルワークが大切にしている理論・モデル
第7章　今、ソーシャルワーカーが身につけたい技術

03

人としての尊厳を尊重する（人権）

人権とは誰にも奪われない権利

ソーシャルワーカーの倫理綱領のなかに「ソーシャルワーカーは、すべての人々を生まれながらにして侵すことのできない権利を有する存在であることを認識し、いかなる理由によってもその権利の抑圧・侵害・略奪を容認しない」とあります。また、日本国憲法第11条にも「国民は、すべての基本的人権の享有を妨げられない」と明記されています。このように、人権は人が生まれながらにして共通にもつ重要なものです。

人権について要約すると、「もともと人間がもっている権利であって、何があろうとも他人や公的機関に奪われることのない、奪うことのできない権利」といえます。

人権と生活保護

一例として、人権と生活保護の関係を考えてみます。「生活保護を受給するのは怠け者だ」や「私たちは働いているのに、働かないでお金をもらっているなんてズルい」というのはしばしば耳にする言説です。では、「生活保護を受給している人は『怠け者』なので、人権を無視してもよい」と考えると、どのような社会になるのか想像してみましょう。おそらく理由があって働けない人であっても、働いていないと価値がないと社会がみなし、働くことを強いたり、医療や住む場所を制限したりすることがあるかもしれません。

このような人権を無視する恐ろしい社会が、本当に暮らしやすい社会といえるでしょうか。自分は絶対に生活保護を受給しないと言いきれるでしょうか。きっと誰一人としてこのような社会を望む人はいないはずです。少し極端な例でしたが、すべての人の**人権が保障されるような社会づくり**もソーシャルワークの重要な現状の課題です。

世界人権宣言

第一条

すべての人間は、生れながらにして自由であり、かつ、尊厳と権利とについて平等である。人間は、理性と良心とを授けられており、互いに同胞の精神をもって行動しなければならない

第二条

1　すべて人は、人種、皮膚の色、性、言語、宗教、政治上その他の意見、国民的若しくは社会的出身、財産、門地その他の地位又はこれに類するいかなる事由による差別をも受けることなく、この宣言に掲げるすべての権利と自由とを享有することができる
2　さらに、個人の属する国又は地域が独立国であると、信託統治地域であると、非自治地域であると、又は他のなんらかの主権制限の下にあるとを問わず、その国又は地域の政治上、管轄上又は国際上の地位に基づくいかなる差別もしてはならない

第三条

すべて人は、生命、自由及び身体の安全に対する権利を有する

身近な人権問題

- パワーハラスメント
- セクシュアルハラスメント
- マタニティハラスメント
- モラルハラスメント
- アカデミックハラスメント
- 体罰
- 虐待

- いじめ
- DV
- ヘイトスピーチ
- SNSによる誹謗中傷
- 風評被害
- 個人情報の流出
- プライバシーの侵害
- 差別　等

04

個人・共同体・環境に
はたらきかける（集団的責任）

集団を機能させて暮らしを支える

　ソーシャルワーカーの倫理綱領のなかに「ソーシャルワーカーは、集団の有する力と責任を認識し、人と環境の双方に働きかけて、互恵的な社会の実現に貢献する」とあります。人間は、何らかの集団に属しています。例えば、学校、クラブ、習い事、会社、地域社会などです。これらの集団のなかで**個人がほかの人の権利や状況に配慮し**、ウェルビーイングの追求に向けて基本的な権利を大切にしながら行動することは、その集団が維持発展するうえでも大切です。ソーシャルワーカーは、集団と集団のなかの人がよりよく機能するように個人と環境の双方にはたらきかけて、**集団に所属する人々が暮らしやすい社会の実現**を目指します。

集団的責任と地域社会

　一例として集団的責任と地域の高齢者に対する見守り活動（ボランティア）について考えてみます。一般的に、自由に使える時間が多いのは退職した人や子育てがひと段落した人などであり、働いている人や子育てをしている人はなかなか自由な時間がありません。そのため、どうしても見守り活動は、退職者等に偏りがちです。近視眼的にみると、世代間の負担の不公平感があるかもしれません。しかし、少し長い時間軸でとらえると違った見え方になります。人にはライフステージがあり、誰もが最初は子どもで、いつかは年をとります。そういった観点から考えれば、今、働いている人もいつかは見守りをする側になります。また、働いている人は退職者の人が「地域の支え手」であることを認識し、敬意をもつことが重要です。地域において世代の循環やお互いの思いやりをもつことを促進、支援することがソーシャルワーカーの集団的責任といえます。

グローバル定義における集団的責任

集団的責任という考えは、一つには、人々がお互い同士、そして環境に対して責任をもつ限りにおいて、はじめて個人の権利が日常レベルで実現されるという現実、もう一つには、共同体の中で互恵的な関係を確立することの重要性を強調する。したがって、ソーシャルワークの主な焦点は、あらゆるレベルにおいて人々の権利を主張すること、および、人々が互いのウェルビーイングに責任をもち、人と人の間、そして人々と環境の間の相互依存を認識し尊重するように促すことにある

集団的責任のイメージ

個人

個人は、環境（共同体など）に対してウェルビーイングを追求するという責任を負うことで、個人の人権を日常的に実現することができる

信頼

協力

集団

責任

ルール

尊重

秩序

共同体

環境（共同体など）は、ときに一部の人に対して人権を侵害すること（人種差別など）があるため、注意が必要

第1章 ソーシャルワーカーって何をする人？
第2章 人々のライフサイクルと暮らしの課題
第3章 ソーシャルワークが挑む課題
第4章 ソーシャルワークの具体的な流れ
第5章 ソーシャルワーカーに求められること
第6章 ソーシャルワークが大切にしている理論やモデル
第7章 今、ソーシャルワーカーが身につけたい技術

05

違いを受け入れ、
尊重する（多様性の尊重）

▶ 多様性とは？

　ソーシャルワーカーの倫理綱領のなかに「ソーシャルワーカーは、個人、家族、集団、地域社会に存在する**多様性を認識し、それらを尊重する**社会の実現をめざす」とあります。ここでの多様性は「出自、人種、民族、国籍、性別、性自認、性的指向、年齢、身体的精神的状況、宗教的文化的背景、社会的地位、経済的状況」を指すのが一般的です。

▶ 女性と多様性の尊重

　一例として女性と多様性の尊重について、構造的な障壁がある社会によって女性が不利な立場におかれやすい状況をみてみます。データから考えていきましょう。

　各国における男女格差を測る「ジェンダー・ギャップ指数（Gender Gap Index: GGI）2023」（p.74参照）によると日本は、146か国中125位となっています。また、「令和3年 男女共同参画白書」によると、緊急事態宣言が発出された2020（令和2）年4月と前月3月の就労者数の男女差を比較すると、女性のほうが男性より1.8倍程度減少しています。これは、男性と比較して女性のほうが失職した数が多いといえます。もちろんすべてが解雇ということではないでしょうが、1.8倍の差というのは偶然とはいえないでしょう。

　このようにデータでみると女性を尊重した社会とは言い難いのが現実です。尊重されていない立場の人に寄り添い、代弁し、**抑圧された構造にはたらきかける**といったことがソーシャルワークの役割です。

　また、これからさらにグローバル化が進み、多くの人種、民族の人が日本で暮らすと考えられます。多様性の尊重は、ますます重要な仕事になっていくでしょう。

ジェンダー・ギャップ指数 (2023)

順位	国名	値	前年値	前年からの順位変動
1	アイスランド	0.912	0.908	−
2	ノルウェー	0.879	0.845	↑1
3	フィンランド	0.863	0.860	↓1
4	ニュージーランド	0.856	0.841	
5	スウェーデン	0.815	0.822	
⋮	⋮	⋮	⋮	⋮
125	日本	0.647	0.650	↓9

0が完全不平等、1が完全平等を示している

ジェンダーギャップ指数は、「経済」「教育」「健康」「政治」の4分野が設定されているが、日本は「経済」「政治」の分野で特に格差が大きい

ジェンダーギャップをあらわす緊急事態宣言時の就労者数の推移

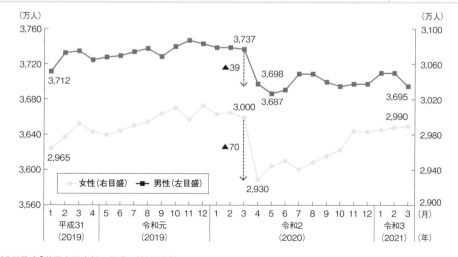

（備考）総務省「労働力調査」の作成。季節調整値。

第1章 ソーシャルワーカーって何をする人？

第2章 人々のライフサイクルと暮らしの課題

第3章 ソーシャルワークが挑む課題

第4章 ソーシャルワークの具体的な流れ

第5章 ソーシャルワーカーに求められること

第6章 ソーシャルワークが大切にしている理論やモデル

第7章 今、ソーシャルワーカーが身につけたい技術

06

援助関係を大切にする

専門的援助関係とは

　ソーシャルワーカー（以下、SWr）とクライエントの関係性は、**専門的援助関係で**なくてはなりません。専門的援助関係とは、SWrが支援を実施し、困りごとを解決するという枠組みが決まった関係性です。援助期間が長くなると、ときにSWrは、自身の家族のこと、趣味など個人的な話をすることもあるかもしれませんが、個人的に親密になるのは不適切です。あくまでSWrとクライエントの関係性であることを自覚し、また、クライエントにも理解してもらう必要があります。

不適切な関係とは

　SWrは、特定の宗教や政治的活動をクライエントに押しつけてはいけません。また、SWrが懇意にしている施設や機関だけを勧めるのもよくありません。クライエントはSWrより弱い立場であると勘違いしがちです。SWrのアカウンタビリティとして、クライエントに対して最も適切なサービスを提供する必要があります。

ソーシャルワーカーとクライエントは対等

　福祉と聞くと困っている人に対して「〜をしてあげる」というイメージはありませんか。確かにそのような行動や行為にいたる支援場面もあります。しかし、SWrとクライエントの関係性は**対等**であり、**問題解決の主体はクライエント**側にあります。SWrがよかれと思って「何でもしてあげる」のは不適切です。SWrの役割はクライエントをアセスメントして、どのようなことであれば、クライエント自身でできるのか、どのようなことは代行する必要があるのか見極めることが重要です。

専門的な援助関係とは　図

ソーシャルワーカーとクライエントの関係

 対等な関係

 上下関係

専門的援助関係の特徴

契約に基づく	期間が決まっている	意図的なコミュニケーション
目的が明確	原則、クライエントの意思で締結する	クライエントの利益になる

日常会話と専門的援助関係における面接の違い

	日常会話	専門的援助関係
目的	互いに話したいことを自由に話すため、話題はさまざまで幅広い	明確な目的をもち、目的を達成するために行う
責任	会話がうまく進まなかったとしてもどちらの責任でもない	SWrはクライエントに対し意図的にはたらきかけ、面接の目的を達成する責任を負う
役割分担	話し手と聴き手の役割はあいまい	SWrとクライエントの役割は明確に区別され交代しない
計画性	計画して実施されるのではなく、自由に話したいときに会話する	目的達成のために意図的・計画的に実施される
義務	会話は義務ではなく、それぞれが話したければ会話する	SWrはクライエントのニーズに応じて面接し、終結に至るまで面接を継続する義務を負う
互いの関係	自由に話すが、話す量が同じくらいになるよう互いに配慮する	SWrはクライエントがより多く話せるように意図的にかかわる
機会の設定	時間や場所の予約が必要ない	約束された時間、期間、場所での実施が原則
取り扱う事柄	通常は楽しみのため会話し、相手を不快にさせないよう気を配る	必要に応じてクライエントにとって不快な事柄も取り上げる

出典：Kadushin,A., *The Social Work Interview*(2nd edition),Columbia University Press, pp.14-17, 1983をもとに作成

第1章 ソーシャルワーカーって何をする人？

第2章 人々のライフサイクルと暮らしの課題

第3章 ソーシャルワークが挑む課題

第4章 ソーシャルワークの具体的な流れ

第5章 ソーシャルワーカーに求められること

第6章 ソーシャルワークが大切にしている理論やモデル

第7章 今、ソーシャルワーカーが身につけたい技術

07

一緒に取り組む
（参加の促進）

▶ 措置から契約へ

　ソーシャルワーカーの倫理綱領のなかに、「ソーシャルワーカーは、クライエントが自らの人生に影響を及ぼす決定や行動のすべての局面において、完全な関与と参加を促進する」とあります。

　昔の社会福祉サービスは**措置**が基本であり、行政が主体となって施設サービスや在宅サービスを決めていました。措置制度にはさまざまな問題があり、2000（平成12）年に施行された介護保険制度を皮切りとして利用者が参加可能である**契約制度**が現在主流となっています。

▶ 参加の促進は新しい項目

　2005（平成17）年に採択された倫理綱領は、「参加の促進」について言及されておらず、2020（令和2）年の改訂で新たに制定された内容です。つまり、契約制度が主流となり、サービスの利用を自分自身で決められる状況であっても、実態としてはそのような状況になっていなかったとも考えられます。

　一例として、介護保険におけるケアプランの作成について考えます。介護支援専門員が、クライエントの状況を鑑みてクライエントが生活しやすくなると考えられるサービスを盛り込んだケアプランを作成したとします。その際に、クライエントと一緒に作成していなければ、「参加の促進」の観点からは不十分なプランとなります。例えば、デイサービスの利用を検討する場合に、それを利用するか否か、どの事業所を利用するのかについて、クライエントの意向をケアプランに盛り込むことが不可欠です。一つひとつのサービスを選択・決定する過程を**クライエントと「ともに」する**ことが重要です。

クライエントの参加の例

- サービスの検討・選択
- サービス利用の契約
- プランに対する意見表明
- 支援へのフィードバック
- 地域福祉計画等への意見表明
- 共通の困りごとを有するグループの政策提言の支援

ご意見箱

クライエントの参加を促進するためのソーシャルワーカーの取り組み

クライエントの自尊心を高める

クライエントに必要な
情報を提供する

参加できるよう
機会・プロセスをつくる

クライエントの能力を高める

クライエントに必要な
社会資源を紹介する

地域包括支援センター

第1章　ソーシャルワーカーって何をする人?

第2章　人々のライフサイクルと暮らしの課題

第3章　ソーシャルワークが挑む課題

第4章　ソーシャルワークの具体的な流れ

第5章　ソーシャルワーカーに求められること

第6章　ソーシャルワークが大切にしている理念やモデル

第7章　今、ソーシャルワーカーが身につけたい技術

08

権利を守る
（アドボカシー）

▶ 権利擁護（アドボカシー）とは

　ソーシャルワーカーの倫理綱領のなかに、「ソーシャルワーカーは、クライエントの権利を擁護し、その権利の行使を促進する」とあります。アドボカシーは、一般的に**権利擁護**と訳され、クライエントの**代弁**や**社会の変革活動**などのことを指しますが、明確な定義は存在しません。さまざまな場面でさまざまな使われ方をしています。

▶ ケースアドボカシーとコーズアドボカシー

　ケースアドボカシーとは個人に対するアドボカシーを指します。一例としてホームレスの入院支援について考えます。ホームレスであることを理由に入院を断ることは、先述した社会正義に照らし合わせて考えても正しいとはいえません。ソーシャルワーカーは、生活保護制度の活用、退院後の住まいや支援体制などを検討し、支援計画を準備し、関係者に説明することで、病院側が不安なくホームレスの人を受け入れる体制をつくることができます。さらに、その人も退院後の生活を見通すことができます。この一連の支援がケースアドボカシーといえます。

　コーズアドボカシーは、集団に対するアドボカシーを指します。先ほどのホームレスの入院支援の例で考えます。行政やホームレス支援団体と相談して、受け入れ側である病院が不安なく受け入れることができる仕組みをつくったり、支援のネットワークを形成したりすることなどがコーズアドボカシーといえます。なお、コーズアドボカシーは後述するソーシャルアクション（p.182参照）と非常に近い概念です。

アドボカシーの適用例と種類　図

アドボカシーの適用例 1)

- 受給資格のあるサービスや福祉手当が、あるグループやコミュニティに対して認められていない場合

- サービスあるいは実践が、人間性を奪うものであったり、対立的であったり、または強制的である場合

- 人種、ジェンダー、性的指向、宗教、文化、家族形態、その他の要因により、差別的な実践や政策が生じた場合

- サービスや福祉手当における格差により、不当な苦難が生じたり、機能不全がもたらされた場合

アドボカシーの種類

ケースアドボカシー	個人(家族)に対するアドボカシー
コーズ(クラス)アドボカシー	特定のニーズをもつ集団へのアドボカシー 
セルフアドボカシー	当事者が主体となって権利を主張していくこと
シチズンアドボカシー	市民が主体となって権利を主張していくこと
リーガルアドボカシー	弁護士や司法書士等の法律の専門家が、法的な手続きによって弁護などの権利擁護を行うこと
ピアアドボカシー	同じ課題を抱える仲間が互いのニーズを主張していくこと

第1章 ソーシャルワーカーって何をする人？
第2章 人々のライフサイクルと暮らしの課題
第3章 ソーシャルワークが挑む課題
第4章 ソーシャルワークの具体的な流れ
第5章 ソーシャルワーカーに求められること
第6章 ソーシャルワークが大切にしている理論やモデル
第7章 今、ソーシャルワーカーが身につけたい技術

09

当事者の主体的な
暮らしを支える

▶ 主体的な暮らしを支えるには自己決定が大切

　ソーシャルワーカーの倫理綱領のなかに、「ソーシャルワーカーは、クライエントの自己決定を尊重し、クライエントがその権利を十分に理解し、活用できるようにする」とあります。ソーシャルワーカーはクライエント自身が**自己決定の権利**をもっている存在であると考えます。クライエントのなかには自分のことを自分の考えで決めてよいと思っていない人が存在します。そのため、「自分で決めていいんだ」と理解してもらうことから始まります。

▶ 複数の選択肢と可能力が重要

　では、「自己決定」や「主体的な暮らし」とはどういうことでしょうか。普段から使う言葉ですが、多元的でよく考えると難しいところもあります。自己決定は「自分で決めればよい」ということでしょうか。例えば、「私はどこにも行かず、人にも会わないで、ひっそりと暮らします」とクライエントが決めた場合、「自己決定だからよい」と理解していいのでしょうか。確かに自分で決めた人生だからそれでよいという考え方もあるでしょう。しかし、その暮らしは、質が高く健康的で豊かな暮らしといえるでしょうか。

　その答えを探る一つの視点に**ケイパビリティアプローチ**があります。ケイパビリティアプローチには、具体的なリストとして10個あり、これらが満たされていない場合は、社会正義に背くと考えられます。その理由としては、「ケイパビリティの10のリスト」のなかの「生命」「身体の健康」を満たしていない可能性があるからです。「自己決定」はそこにいたるプロセスをクライエントとソーシャルワーカーが一緒に考えて、複数の選択肢から最善策を導き、クライエントが納得することが重要です。

ケイパビリティアプローチとは 図

ケイパビリティアプローチの考え方

「人間の諸々の可能力、つまり人々が実際になしえたり、なりえたりするものに焦点を合わせる」

クライエントが「どれほど満足しているか」「どれほどの資源を利用できるか」ではなく、クライエントが「人間らしい暮らしができるようにそれらの資源が役立っているか」ということを問う必要があります。

ケイパビリティの10のリスト

生命	通常の長さの人生の終局まで生きられること
身体の健康	健康でありうること
心身の不可侵性	場所から場所へと自由に移動できること
感覚・想像力・思考力	感覚を用いることができること。想像し、思考し、論理的な判断を下すことができること
感情	自分たちの外部にある物や人々に対して愛情をもてること
実践理性	善の構想を形成しかつ自らの人生の計画について批判的に省察することができること
連帯	A：他者と共にそして他者に向かって生きうること B：自尊と屈辱を受けないこととの社会的基盤を持つこと
他の種との共生	動物、植物、自然界を気遣い、それらとかかわりをもって生きることができること
遊び	笑うことができること
自分の環境の管理	A：政治的な管理　自分の生を律する政治的選択に実効的に参加しうること B：物質的な管理　財産を維持することができること

出典：マーサ. C. ヌスバウム、神島裕子訳『正義のフロンティア─障碍者・外国人・動物という境界を越えて』法政大学出版局、pp.90-92 2012年をもとに作成

10

秘密を守る
（プライバシーの尊重と秘密の保持）

プライバシーの尊重とは

　ソーシャルワーカーの倫理綱領のなかに、「ソーシャルワーカーは、クライエントのプライバシーを尊重し秘密を保持する」とあります。

　プライバシーについて総務省は「他人の干渉を許さない、各個人の私生活上の自由」と説明しています。ソーシャルワーカーは、支援に必要なプライバシーにかかわる情報を聞く必要がありますが、むやみに何でも聞いてはいけません。クライエントは相談をしている立場上、ソーシャルワーカーに聞かれたらすべてに答えなくてはいけないと思ってしまいがちです。ソーシャルワーカーは、**支援に必要な情報か否か**常に吟味しながら情報収集する必要があります。また、クライエント自らが、プライバシーの権利を認識できるようソーシャルワーカーがはたらきかけることも重要です。

秘密を保持する範囲

　ソーシャルワーカーが秘密を保持する範囲は、基本的には**得た情報のすべて**です。ソーシャルワーカーが仕事を辞めたり、ケース終了後長い時間を経過したりしても決して情報を漏らしてはいけません。例外として、虐待、自傷・他傷、災害時など緊急時や人命にかかわるケースは、本人の同意を得ることなく、個人情報を支援機関間で共有することなどが考えられます。個人情報保護法、ソーシャルワーカーの倫理綱領、職場のガイドラインと照らし合わせて行動することが重要です。また、ソーシャルワーカー自身も自分の個人情報をむやみに開示しないように注意が必要です。

守秘義務とプライバシーの尊重チェックリスト

- ☑ クライエントの情報を収集する際は、クライエントの同意を得る
- ☑ 必要以上に情報収集をしない
- ☑ クライエントの同意なく、収集した情報を使用しない
- ☑ 業務時間内外問わず、クライエントの秘密は保持する
- ☑ 退職後もクライエントに関する情報は一切漏らさない
- ☑ クライエントに関する記録の取扱い(収集・活用・保存・廃棄)は十分留意する

個人情報保護法に基づく個人情報

個人識別符号

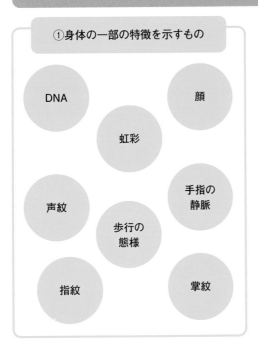

①身体の一部の特徴を示すもの

DNA　顔　虹彩　声紋　歩行の態様　手指の静脈　指紋　掌紋

②サービス利用や書類において対象者ごとに割り振られる符号

旅券番号　基礎年金番号　免許証番号　住民票コード　各種保険証　マイナンバー

第1章 ソーシャルワーカーって何をする人？
第2章 人々のライフサイクルと暮らしの課題
第3章 ソーシャルワークが挑む課題
第4章 ソーシャルワークの具体的な流れ
第5章 ソーシャルワーカーに求められること
第6章 ソーシャルワークが大切にしている理論とモデル
第7章 今、ソーシャルワーカーが身につけたい技術

11

よりよく仕事をする
（自己管理）

▶ ソーシャルワーカーの専門性を高める

　ソーシャルワーカーの倫理綱領のなかに、「ソーシャルワーカーは、最良の実践を行うために、必要な資格を所持し、**専門性の向上に努める**」とあります。ソーシャルワーカーがクライエントを支援するためには、法律、社会制度、対人コミュニケーション技術などさまざまなことを理解しておく必要があります。目まぐるしく変わる**社会情勢に応じて研鑽し続ける**必要があります。また、各専門職団体等が実施している研修会に参加することも重要です。ソーシャルワーカーの専門性を高めることがクライエントのウェルビーイングを高めることにつながります。

▶ 自分自身を管理する

　ソーシャルワーカーの倫理綱領のなかに、「ソーシャルワーカーは、何らかの個人的・社会的な困難に直面し、それが専門的判断や業務遂行に影響する場合、クライエントや他の人々を守るために必要な対応を行い、**自己管理に努める**」とあります。ソーシャルワーカーは、クライエントの人生の深い部分やクライエントが大切にしている部分にふれることが多く、問題が解決したときの喜びもひとしおです。クライエントの満面の笑顔や問題が解決された生活こそがソーシャルワークのやりがいといえます。

　その一方で、クライエントと深くかかわるからこそ、大きなストレスと感じることがあります。「ヒューマンサービスは大変である」というイメージがあるかもしれませんが、近年は職場内OJT、職能団体の研修会・交流会、現場と大学の連携など専門職に対するケアの環境が整ってきました。ソーシャルワーカーは自分自身を大切にすることも重要です。

第1章 ソーシャルワーカーって何をする人？

第2章 人々のライフサイクルと暮らしの課題

第3章 ソーシャルワークが挑む課題

第4章 ソーシャルワークの具体的な流れ

第5章 ソーシャルワーカーに求められること

第6章 ソーシャルワークが大切にしている理論やモデル

第7章 今、ソーシャルワーカーが身につけたい技術

専門性を高める取り組み

研修会への参加	専門職団体等での交流	事例検討会

職能団体の研修会に参加すると、同じようなことで悩んだり、もっと専門的スキルを向上させたいと考えたりしている同職種の人に会えるでしょう。そこで普段の悩みを分かち合うことでストレスマネジメントをすることができます！

また、事例検討を行うと、普段にはないアドバイスやコメントを通してよりよい実践のヒントがもらえます。このことが実践に対するモチベーションとなるでしょう。

自分でできるストレスマネジメントの方法[2)]

- 「心に余裕があるからゆったりした過ごし方ができる」のではなく、あえてくつろぎの時間を過ごすことで、心の余裕をつくり出し、ストレスに対応するための余力をもつことができる

- 嫌なことがあったときの状況を思い出しながら感情を込めて（紙などに）書くと、人の心は癒される

- すべてを自分だけの問題として考えず、まず責任を分散させて考える

- つらいことのなかから「いいこと」を見つけていく

第5章引用文献

1）ディーン・H・ヘプワース、ロナルド・H・ルーニーほか、武田
　信子監『ダイレクト・ソーシャルワークハンドブック――対人支援
　の理論と技術』明石書店、p.690、2015年
2）川野泰周『会社では教えてもらえない　集中力がある人のストレス
　管理のキホン』すばる舎、p.197、p.214、p.220、2019年
※とてもわかりやすくストレスとの向き合い方が書いてあるのでオススメです。

第5章参考文献

● 外務省「世界人権宣言（仮訳文）」
　https://www.mofa.go.jp/mofaj/gaiko/udhr/1b_001.html
　（最終アクセス日2023年10月2日）
● 内閣府男女共同参画局「令和3年版男女共同参画白書」
● マーサC.ヌスバウム、池本幸生・田口さつき・坪井ひろみ訳『女性と
　人間開発――潜在能力アプローチ』岩波書店、2005年
● マーサ.C.ヌスバウム、神島裕子訳『正義のフロンティア――障碍者・
　外国人・動物という境界を越えて』法政大学出版局、2012年

第 6 章

ソーシャルワークが
大切にしている
理論やモデル

01

総合的な視点から
とらえる

ジェネラリスト・ソーシャルワーク

　ソーシャルワークという専門的な支援活動は、生活者が抱える社会生活上の課題の解決を目指して展開されます。社会生活上の課題は、その時々の社会の状況にも影響を受けることから、個々別々、複雑で多様、そして常に変化するため、理解し把握するのには困難が伴います。また、課題を解決に導くためには、的確に実践を展開するための視野や視点、そして方法が必要となります。

　ジェネラリスト・ソーシャルワークは、包括的で統合的な視座による検討から確立してきたソーシャルワークといえます。ケース、グループ、コミュニティといった支援対象の規模により区別された伝統的方法・手法のあり方を乗り越え、いくつかの変遷（右頁上図）を経て、北米での流れを日本でも受け入れ、今日にいたっています。現代のソーシャルワークにとって、基本となる考えや方法といえます。

人と環境の交互作用をとらえる

　ジェネラリストとは一般に、幅広い知識や技能、経験などを備え、多面的な視野により状況の変化に柔軟に対応できる人を意味し、特定の分野において専門的な知識やスキルを有する人を意味するスペシャリストと区別されます。現代社会のなかで複合的な課題を抱えた生活者を支援するソーシャルワーカーには、ジェネラリストとしての包括的な視野が不可欠です。その際、「人と環境の交互作用 Person-Environment Transaction」をとらえるために、「人」「環境（社会的諸資源）」「交互作用」それぞれに向けた三方向の視点（右頁下図）が重要といえます。

ジェネラリスト・ソーシャルワークとは　図

第 1 章　ソーシャルワーカー　って何をする人？

第 2 章　人々のライフサイクル　と暮らしの課題

第 3 章　ソーシャルワークが　挑む課題

第 4 章　ソーシャルワーク　の具体的な流れ

第 5 章　ソーシャルワーカー　に求められること

第 6 章　ソーシャルワークが大切に　している理論やモデル

第 7 章　今、ソーシャルワーカー　が身につけたい技術

ジェネラリスト・ソーシャルワークへの変遷

コンビネーションアプローチ

伝統的方法を
状況に応じ
組み合わせて
実践を展開

マルチメソッドアプローチ

伝統的方法に
共通する基盤
（価値や知識）を
整え、複合方式で
実践を展開

ジェネラリストアプローチ

一般システム理論を
基盤理論にして
包括統合的に
実践を展開

生態学
理論

エコシステム
理論

人と環境の交互作用／
社会的機能の強化
生活の支援／
包括統合的な実践展開

**ジェネラリスト・
ソーシャルワーク**

ジェネラリスト・ソーシャルワークにおける三方向の視点

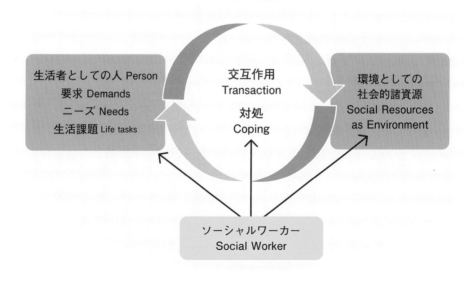

環境
Environment

生活者としての人 Person
要求 Demands
ニーズ Needs
生活課題 Life tasks

交互作用
Transaction

対処
Coping

環境としての
社会的諸資源
Social Resources
as Environment

ソーシャルワーカー
Social Worker

02

人を多面的にとらえる

▶ バイオ - サイコ - ソーシャルモデル（BPSモデル）

　支援対象者である生活者としての人をどのようにとらえるのか、ソーシャルワーカーにとっては常に難しさが伴います。生きている「場」、生活している「空間」からの把握、「過去 - 現在 - 未来」という時間軸での理解、集団や組織との「社会的関係」からの分析等、さまざまな視点が考えられます。

　BPSモデルは、1970年代後半、ベルタランフィ（Bertalanffy, L.）による「一般システム理論」に影響を受けた内科医でもあり精神科医でもあったエンゲル（Engel, G. L.）が提示したものです。それまでの疾患に対する見方であった「生物医学モデル」一辺倒の理解を脱却し、**心理的要因**や**社会的要因**の考慮を組み入れた**多元主義的なモデル**といえます。いまやBPSモデルは広く人を支援する分野や領域で積極的に用いられ、ソーシャルワークもその例外ではありません（右頁上図）。なお、人がもっている地域性や共同体性を意識してコミュナルな側面を加えた**バイオ - サイコ - ソーシャル - コミュナルモデル**（BPSC モデル）の主張もみられます。

▶ ソーシャルワーク実践とBPSモデル

　ソーシャルワークは、**「人と環境の交互作用」**に着目し、生活課題の解決を目指したミクロ・メゾ・マクロ領域にわたる支援過程の展開です。その際、ソーシャルワーカーには主に三方向の視点が重要となります（p.153参照）。BPSモデルを取り入れることで、右頁下図に示すように、「人」を、複数の要素からとらえ、外部環境と交互作用する内部環境として理解することができ、多面的かつ統合的な理解に役立つといえます。

BPSモデル

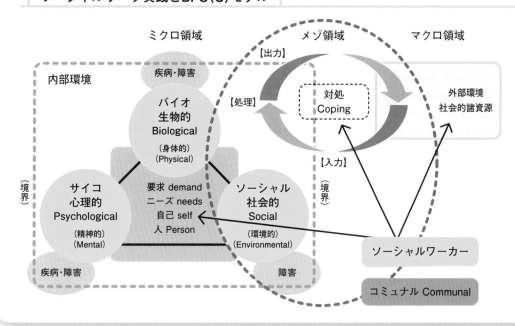

バイオ：生物的
Biological

生物学・身体医学

健康状態
ADL・IADL状態
能力

サイコ：心理的
Psychological

心理学・精神医学

心理（精神）状態
意思の強さ
意欲　嗜好
生活やサービスへの満足度

人
Human being
Person

ソーシャル：社会的
Social

環境学・社会医学
社会学・社会福祉学

家族・親族との関係
近隣関係　友人関係
住環境　就労状況
収入状況
利用可能な社会資源

ソーシャルワーク実践とBPS（C）モデル

ミクロ領域　　　　メゾ領域　　　マクロ領域

内部環境

疾病・障害

バイオ
生物的
Biological
（身体的）
（Physical）

【出力】

【処理】

対処
Coping

外部環境
社会的諸資源

【入力】

（境界）

サイコ
心理的
Psychological
（精神的）
（Mental）

要求 demand
ニーズ needs
自己 self
人 Person

ソーシャル
社会的
Social
（環境的）
（Environmental）

疾病・障害

障害

ソーシャルワーカー

コミュナル Communal

（境界）

03

系統・体系的に考える

▶ **システム理論・システム思考（Systems Thinking）**

　世の中は、「システム」が付された言葉や仕組みであふれていることに気がつきます。インターネットを通じ、全国どこでも注文した物がすぐ手に入るのは、整った「物流システム」の恩恵ですし、自然界は大きな「生態システム」を形成しています。森羅万象すべてシステムといっても過言ではありません。

　1945年、ベルタランフィが「一般システム理論」を提唱しますが、システムを「相互に作用し合う要素の複数の集合」ととらえ要素の関係を重視しました。その後、さまざまな分野・領域で摂取され、発展してきました。

　システムで物事を考えるということ（システム思考）は、「体系的」に考えることになります。対象を、①一つの「構造」としてとらえ、②「構造」をつくっている「要素」を分析し、③「要素」間の相関、「機能」を把握し、④「要素」および「構造」の「時系列変容」（時間を経ての変化）、その「過程」から理解することになります。

▶ **ソーシャルワークにおけるシステム理論**

　1970年代以降、基盤理論として積極的に摂取され、複雑多様な対象、生活のあり様の理解に貢献しました。代表的な論者にゴールドシュタイン（Goldstein, H.）、ピンカス（Pincus, A.）とミナハン（Minahan, A.）等がいます。その後「機械的にとらえ過ぎている」との批判が起こり、ジャーメイン（Germain, C. B.）らによる生態学を基盤にした「生活モデル」が誕生しました。1990年代には、システム理論を融合した「エコシステム理論」へとつながっていきます。ソーシャルワーク実践を展開するうえでは、ピンカスとミナハンの四つのサブシステムの考え方は、非常に有効です（右頁下図）。

さまざまなシステム

生態システム

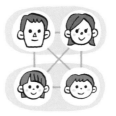

家族システム

クラウドシステム

システムキッチン

システム
インテグレーション

システム手帳

物流システム

四つのサブシステム（ピンカスとミナハン）

クライエントシステム 支援対象者 その家族など	**ワーカーシステム** ソーシャルワーカー その所属機関など
ターゲットシステム 課題解決に向けた 目標となる人や組織	**アクションシステム** 目標である人や組織に対し、 行動を起こす人や組織

第1章　ソーシャルワーカーって何をする人？

第2章　人々のライフサイクルと暮らしの課題

第3章　ソーシャルワークが挑む課題

第4章　ソーシャルワークの具体的な流れ

第5章　ソーシャルワーカーに求められること

第6章　ソーシャルワークが大切にしている理論やモデル

第7章　今、ソーシャルワーカーが身につけたい技術

04

環境との関係から理解する

▶ 生活モデル

　人々は日々の生活で常に社会環境（例：家族、学校の友人、職場の同僚、地域住民等）の影響を受けています。おかれている状況への適応や生活上の問題への対処はまわりとの関係性に左右されます。「生活モデル」とは、生態学理論に基づいた「人と人を取り巻く社会環境」との関係性に着目した考え方です。特徴は以下のとおりです。

---

①人々は社会環境の影響を受ける一方で、人々の行動は社会環境に影響を与える
②良好な適応とは個人の能力や社会資源を状況に応じて適切に活用できることをいう
③人々の幸福や成長につながる居場所や社会資源を利用できる状況を確保できる
④社会上の不公平な力関係は社会資源の活用を阻害し、適応に悪影響を及ぼす
⑤人々がたどる人生の道筋は多様性に富み、社会情勢や文化の影響を受ける
⑥ストレス要因は人々と社会環境との不調和により生じる
　レジリエンス（復元する力）はストレスから立ち直れる能力で人々と社会環境の双方に備わっている

▶ エコ・システム理論

　システム理論では、システムの相互関係を知ることで、物事を全体的に見ていきます。これに生態系を維持するための生物が果たす役割、生物と周辺環境との関係性を研究する「生態学理論」を組み合わせたのが「エコ・システム理論」です。この理論では、人々と社会環境を「システム」に置き換えます。例えば、教育、就労、生活状況といった環境「システム」は家族「システム」を構成する人々の感情、態度、行動に影響を与えます。このようにエコ・システム理論では、異なるシステムを相互に関係づけていきます。

生活モデルのイメージ

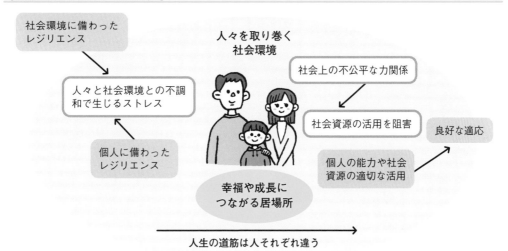

社会環境に備わったレジリエンス

人々を取り巻く社会環境

社会上の不公平な力関係

人々と社会環境との不調和で生じるストレス

社会資源の活用を阻害

良好な適応

個人に備わったレジリエンス

個人の能力や社会資源の適切な活用

幸福や成長につながる居場所

人生の道筋は人それぞれ違う

子どもを中心としたエコ・システム

色線　マイクロ・システム
ある特定の場面における対人関係（ここでは家庭と学校）

色アミ　メゾ・システム
自分と直接かかわる複数のシステム同士の相互関係（ここでは母親と先生）

スミアミ　エクゾ・システム
自分とは直接関係していないが、他者を介して自分に影響を与える（ここでは父親の職場）

黒線　マクロ・システム
社会制度、価値観や文化的な規範等

⟷　はお互いに影響している状態を表す

⟶　は影響を与えている状態を表す

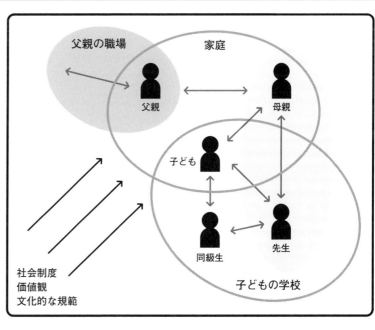

父親の職場　家庭

父親　母親

子ども

同級生　先生

子どもの学校

社会制度
価値観
文化的な規範

05

強みを引き出す

人や環境のもつ強さに着目する

ストレングスモデルとは、**クライエントと環境のもつ能力や可能性、資源などの強さ（ストレングス）に焦点を当てた支援のモデルです。**クライエントのことを病気や障害などの「問題」を抱えた人という一面的な見方をせず、クライエントの力を引き出し、活かすことを基本にします。

エンパワメントアプローチは、生きる力を剥奪され、無力化された状態（パワーレス）におかれている当事者が主体となり、個人的・対人的・社会的なレベルのパワーの回復・獲得を目指す支援の方法です。この方法では、ストレングスが支援の基盤となります。人や環境のもつ強さに着目し、それを強化します。

さまざまな観点やレベルにはたらきかける

ストレングスモデルにおいて、強さにはクライエントのできることや能力の高さだけでなく、信念や希望、人柄、可能性なども含むと考え、それを見出せるようはたらきかけます。また、個人とかかわりのある家族や環境、社会資源にも強みがあることを前提に支援します。エンパワメントも、次の多次元レベルで当事者と支援者との協働作業が展開されます[1]。

・支援の対象者が、自己肯定感や自己効力感をもち、自分自身の生活をコントロールしていく現実的な生活力をもつよう支援する心理的・個人的エンパワメント
・互いに対等な人間同士として自分たちの問題をともに検討するグループに、対等の立場で参加する対人的エンパワメント
・支援の対象者が権利擁護の力を獲得し、自分の能力を活かして社会的活動に取り組み、制度や社会を変革するアプローチを行う環境的・社会的エンパワメント

ストレングスモデルとエンパワメントアプローチの特徴

	ストレングスモデル	エンパワメントアプローチ
代表的な提唱者	サリービー（Saleebey,D.）、ラップ（Rapp,C.A.）、ゴスチャ（Goscha,R.J.）	ソロモン（Solomon,B.）、リー（Lee,J.）
登場の背景	近代（モダン）主義への批判から生まれた思想（ポストモダニズム）からの影響	公民権運動やフェミニズム運動などからの影響。ストレングスモデルからも影響を受けている
支援の特徴	クライエントと環境のもつ能力や可能性、資源などの強さ（ストレングス）に焦点を当てる	パワーレスにおかれている状態から、さまざまなレベルでのパワーの回復を目指す

多次元にわたるエンパワメントアプローチ

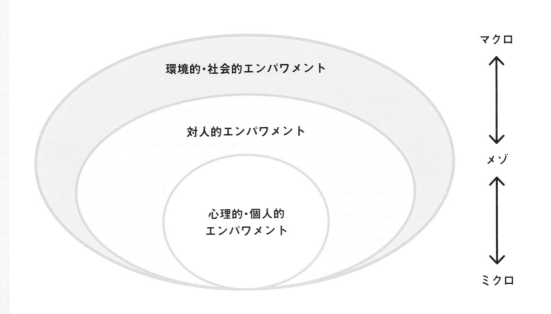

環境的・社会的エンパワメント

対人的エンパワメント

心理的・個人的エンパワメント

マクロ

メゾ

ミクロ

06

逆境からの再起や新生を考える

逆境とレジリエンス

　日本は地震が頻発する国の一つですが、2011（平成23）年の東日本大震災は原子力発電所の事故に連鎖し甚大な被害をもたらし、その爪痕は、今日もなお消えていないといえるでしょう。逆境状態からの回復は道半ばといっても過言ではありません。「レジリエンス（Resilience）」は、難事や難局、「逆境（Adversity）」に見舞われた際に発揮される能力、その過程や状態を表す言葉や考え方で、さまざまな領域や分野で用いられています。日本では、2011（平成23）年以降、災害からの復興、防災や減災の視点から特に注目を浴びました。レジリエンスを取り上げた雑誌や書物の公刊は枚挙にいとまがなく、衣料品のテレビコマーシャルにも登場するなど、今や「標語化」しているといっても決して過言ではないと思います。

レジリエンス（再起・新生力）のとらえ方

　レジリエンスは、ラテン語の resilire（跳ね返る）を語源としており、元々は物理学用語として、ゴムやバネの「戻る力」や「弾性」を表していました。カタカナで表記する場合が多いですが、一般には**「回復力」**や**「復元力」**と訳されています。

　ここで重要なことは、単に元の状態に戻ることではなく、逆境に見舞われた際に、その逆境を受け止め、乗り越え、再起し、新生する**「力（能力）」「資源」「過程」**として包括的にとらえることです。そのために、①個人がもっている「パーソナルなレジリエンス」とともに「コミュニティのレジリエンス」も同時にとらえること、②難事、逆境時ではなく、平時にレジリエンスを育み、準備しておくこと、③その際、リスク要因と保護要因を考慮し、「逆境の壁」を乗り越える体制づくりが必要といえます。

希望をもたらすレジリエントな言葉と定義

人生という旅の途中で雨に降られたり、嵐に巻き込まれたりしたとき、レジリエンスは前を向いて歩き続ける力になってくれる

吉田麻也（サッカー日本代表）

レジリエンスとは、たとえそれが以前のものよりよくないものであっても、新しい現実を受け入れることです

エリザベス・エドワード
（アメリカ元上院議員の妻）

システムが撹乱を吸収しながらも基本的な機能と構造を維持する能力

ウォーカーとソルト（2020）：
レジリエンス思考研究の第一人者

悲しんでも絶望はせず
倒れてもへこたれないで

TABLO（EPIK HIGH）

逆境で咲く花は、すべての花のなかで最も珍しくて美しい
The flower that blooms in adversity is the rarest and most beautiful of all.

ウォルト・ディズニー
（ウォルト・ディズニー社　創業者）

自らの機能、存続または発達を脅かすものに適応する、動的システムのキャパシティ

マステン, A.（ミネソタ大学2020）：
ソーシャルワークにおけるレジリエンス研究の世界的リーダー

ソーシャルワーカーこそがレジリエンスを育てる

ウンガー,M.（カナダ・ダルハウジー大学）
ソーシャルワークにおけるレジリエンス研究の世界的リーダー

生きていれば誰だって苦難に遭遇する。そういうとき、考えるべきは「次にどうするか」である

シェリル・サンドバーグ
（Facebook：最高執行責任者）

逆境の壁

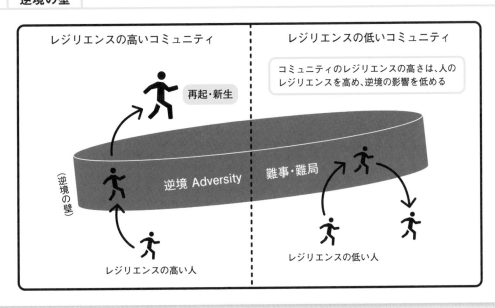

レジリエンスの高いコミュニティ

レジリエンスの低いコミュニティ

再起・新生

コミュニティのレジリエンスの高さは、人のレジリエンスを高め、逆境の影響を低める

（逆境の壁）

逆境 Adversity　　難事・難局

レジリエンスの高い人

レジリエンスの低い人

07

語りを引き出す

▶ 一面的な当たり前を見直し、新たな物語をつくり直す

　ナラティヴアプローチは、1980年代頃から盛んになった、合理的な近代（モダン）の考え方からの脱却を目指す思想（ポストモダニズム）の影響を受けて生まれています。人の声や語り・人生の物語などの意味をもつ**ナラティヴ**に着目します。

　例えば、「自分は○○もできないダメなやつだ」と自分自身に"ダメ出し"をして、自己について否定的な物語に圧倒されている場合に有効なアプローチです。この場合、自分だけではなく、周囲の人々も同じように否定的にその人をとらえがちです。自他による一面的な語りが日常的に重なり、否定的なナラティヴがつくり上げられてしまいます。これらの物語を疑い、その人らしい新たな物語をつくり直そうとする点が特徴的です。

▶ 一般的な支援プロセス

　一般的には、以下のようなプロセスで展開されます。

> ・無知の姿勢をもつ：クライエントこそ、現状を生き抜いてきた専門家ととらえ、クライエントと支援者が協力して物語を構築し合う対等な姿勢をもちます。
> ・否定的な問題が染み込んだ物語（ドミナント・ストーリー）を傾聴し、問題を外在化する：問題は問題、その人はその人というスタンスで、否定的な語りを客観視します。
> ・新たな物語（オルタナティヴ・ストーリー）を発見する：否定的な物語とは異なる物語も見えづらいけれども確かにもっていることに気づき、協働で構築していきます（例外の発見）。

　家族や組織、地域の物語の書き換えというメゾ・マクロアプローチとしても取り組まれています[2]。

その人らしい新たな物語を協働でつくり直す 図

日常の当たり前を疑い、その人らしい新たな物語を見つける

否定的なナラティヴが相互に
つくり上げられ、強化される

気づきにくい別のナラティヴを
一緒に見つける

外在化と例外の発見

ドミナント
ストーリー

オルタナティヴ
ストーリー

外在化により否定的な影響を弱める

新たな物語を協働で見つける

08

能力を高める

▶ 問題解決理論／問題解決アプローチの前提と概要

　問題解決アプローチは、1950年代にパールマン（Perlman, H. H.）が提唱しました。最大の特徴は、問題を自我機能との関連でとらえたことです。生活のなかで社会的役割に関する問題に直面することは、正常かつ当然のことです。人には問題解決のための自我機能が備わっており、意識の能否を問わず、常にさまざまな問題に対処しています。

　人は、動機づけ、能力、機会・資源の一つ以上が欠如し、自力で解決できない場合には、誰かの支援を必要とします。ソーシャルワーカーは、クライエントが主体的に問題を解決できるようになることを目的として、①自我機能の安定、②動機づけ（Motivation）、③解決に必要な能力（Capacity）の向上、④能力を発揮する機会（Opportunity）の提供を行い、**「ワーカビリティ」**の促進と、**「コンピテンス」**の向上に努めます。

▶ 問題解決過程における支援のポイント

　まず、支援では、クライエントとの関係を構築し、緊張やストレスで萎縮した自我機能の安定を図ります。次に、客観的事実のみならず、クライエントの主観的事実にも注目しながら、クライエントの問題（今、悩み、抜け出したいと感じている状況）を共有し、明確にします。このとき、支援対象となる問題が、必ずしも、クライエントの問題の根源的原因と一致している必要はありません。その後、問題を小さく分割（**部分化**）したうえで、解決に向けたリハーサルを行います。部分化には、自我機能への負担軽減と問題解決に取り組みやすくする役目があります。また、**リハーサル**によって成功体験を重ねることで、自我機能が少しずつ回復へと向かいます。

問題解決アプローチの概要図

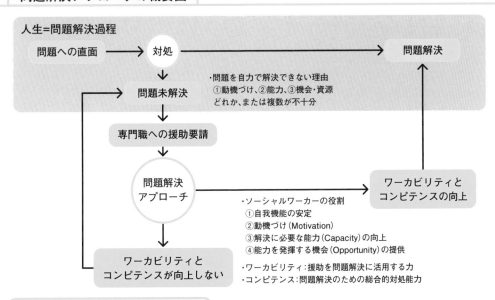

人生=問題解決過程

問題への直面 → 対処 → → → → → → 問題解決

対処 ↓

問題未解決

・問題を自力で解決できない理由
①動機づけ、②能力、③機会・資源
どれか、または複数が不十分

↓

専門職への援助要請

↓

問題解決アプローチ → ワーカビリティとコンピテンスの向上

↓

ワーカビリティとコンピテンスが向上しない

・ソーシャルワーカーの役割
①自我機能の安定
②動機づけ (Motivation)
③解決に必要な能力 (Capacity) の向上
④能力を発揮する機会 (Opportunity) の提供

・ワーカビリティ:援助を問題解決に活用する力
・コンピテンス:問題解決のための総合的対処能力

問題解決過程におけるポイント

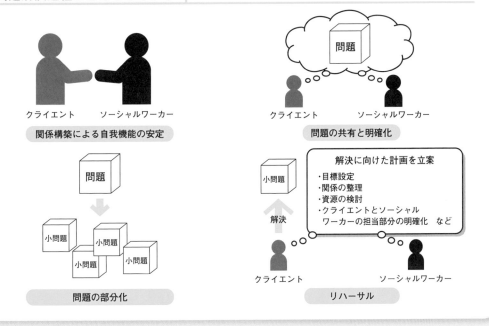

クライエント　ソーシャルワーカー
関係構築による自我機能の安定

問題
クライエント　ソーシャルワーカー
問題の共有と明確化

問題
↓
小問題　小問題　小問題　小問題
問題の部分化

小問題
↑ 解決

解決に向けた計画を立案
・目標設定
・関係の整理
・資源の検討
・クライエントとソーシャルワーカーの担当部分の明確化　など

クライエント　ソーシャルワーカー
リハーサル

第1章 ソーシャルワーカーって何をする人?

第2章 人々のライフサイクルと暮らしの課題

第3章 ソーシャルワークが挑む課題

第4章 ソーシャルワークの具体的な流れ

第5章 ソーシャルワーカーに求められること

第6章 ソーシャルワークが大切にしている理論やモデル

第7章 今、ソーシャルワーカーが身につけたい技術

09

課題を明らかにする

課題中心アプローチの前提と概要

課題中心アプローチは、1970年代にリード（Reid, W. J.）とエプスタイン（Epstein, L.）によって形づくられました。**短期間で計画的に支援する**ことが最大の特徴です。提唱の背景には、同程度の効果が得られるのであれば、短期に実施される支援のほうがよいという考えがあります。また、具体的なかかわり方の面で独自に示されたものはなく、援助過程の枠組みを提供した点で有意義なものです[3]。支援は、四つの過程で構成され、通常、3〜4か月間、12回以内の面接を期限とします。

各過程におけるポイント

対象となる問題は、クライエントが「今」抱えていることとして、過去にさかのぼって原因を探すことはしません。また、その問題が**三つの原則**（①クライエントが認識している、②クライエントの努力で解決できる可能性がある、③具体的である）に当てはまる必要があります。契約には、クライエントとソーシャルワーカーが支援内容や課題、期間などについて確認する以外にも、クライエントの問題解決への動機づけという役目をもっています。課題の遂行は、課題中心アプローチのなかで最も多くの作業が行われます。すべての作業は、クライエントと協働して行います。

課題とは、現在の問題を出発点として、解決にいたるまでに行う目的をもった一連の行動です。課題を遂行するために実施する作業は、①アセスメント、②支援方法の創出、③関係者・機関から協力を得るための交渉、④意思決定、⑤実行があります[4]。終結を明確にすることには、クライエントとソーシャルワーカーが依存関係になることを予防する効果があります。また、課題の進行状況によっては、再契約となる場合もあります。

課題中心アプローチの実施過程

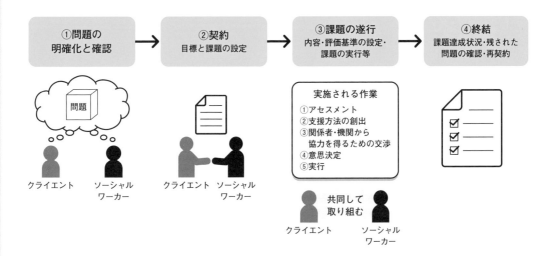

| ①問題の明確化と確認 | → | ②契約 目標と課題の設定 | → | ③課題の遂行 内容・評価基準の設定・課題の実行等 | → | ④終結 課題達成状況・残された問題の確認・再契約 |

実施される作業
①アセスメント
②支援方法の創出
③関係者・機関から協力を得るための交渉
④意思決定
⑤実行

クライエント　ソーシャルワーカー

クライエント　ソーシャルワーカー

共同して取り組む
クライエント　ソーシャルワーカー

課題中心アプローチ遂行上のポイント

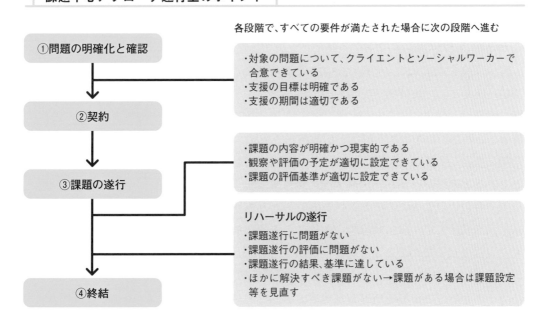

各段階で、すべての要件が満たされた場合に次の段階へ進む

①問題の明確化と確認

・対象の問題について、クライエントとソーシャルワーカーで合意できている
・支援の目標は明確である
・支援の期間は適切である

②契約

③課題の遂行

・課題の内容が明確かつ現実的である
・観察や評価の予定が適切に設定できている
・課題の評価基準が適切に設定できている

リハーサルの遂行

・課題遂行に問題がない
・課題遂行の評価に問題がない
・課題遂行の結果、基準に達している
・ほかに解決すべき課題がない→課題がある場合は課題設定等を見直す

④終結

第1章 ソーシャルワーカーって何をする人？
第2章 人々のライフサイクルと暮らしの課題
第3章 ソーシャルワークが挑む課題
第4章 ソーシャルワークの具体的な流れ
第5章 ソーシャルワーカーに求められること
第6章 ソーシャルワークが大切にしている理論やモデル
第7章 今、ソーシャルワーカーが身につけたい技術

10

危機を脱する

危機理論

　危機理論の基礎は、リンデマン（Lindemann, E.）によって築かれ、キャプラン（Caplan, G.）らによって発展させられました。危機とは、自然災害、近親者の死、成熟に伴うライフサイクルの変化（例えば、結婚、退職）など、**これまでに慣れ親しんでいない出来事**のことをいいます。危機に直面したとき、人は**特定の反応パターン**を示します。また、危機状況からの回復過程も、ある程度の予測が可能です。この危機状況を理解する枠組みを提示するのが危機理論です。

危機介入アプローチ

　危機理論をふまえて、危機状況にあるクライエントを支援していくのが、**危機介入アプローチ**です。危機介入アプローチでは、クライエントが危機状況にあるかどうかを**早期に判断し、介入**することが必要です。危機状況の判断は、強い不安や抑うつ、身体的緊張、心理的に無防備な状態などの基準をもとになされます。その後、クライエントに、危機に直面して起こっているさまざまな徴候や行動は、**誰にでもみられる当たり前のこと**であるとの理解を促し、危機状況に伴う**感情を十分に表出**できるよう援助します。そして、今の状況についてアセスメントし、どんな事実でも受け止め、困難を抱えながらも生活を続けていかなければならないことを**現実的に認知**できるよう促します。そのうえで、回復するための方法を探す手助けをし、周囲に**支援体制（ソーシャルサポート・システム）**を構築していきます。危機は、**成長の機会**でもあると受け止めることもまた、クライエントにとって重要となります。

危機理論

危機

特定の反応パターン

衝撃

防御的退行
（逃避・否認）

承認

適応

予測可能な危機状況からの
回復過程

回復

危機への介入方法

早期の介入

①危機状況の有無の判断

②感情を表出させる

③現実を受け止めさせる

④対処法を探す

⑤支援体制の構築

成長への機会ととらえる

第1章　ソーシャルワーカーって何をする人？

第2章　人々のライフサイクルと暮らしの課題

第3章　ソーシャルワークが挑む課題

第4章　ソーシャルワークの具体的な流れ

第5章　ソーシャルワーカーに求められること

第6章　ソーシャルワークが大切にしている理論やモデル

第7章　今、ソーシャルワーカーが身につけたい技術

11

解決を意識する

問題の原因探しをしない

　ソーシャルワーカーが、アセスメントに際して、現在起こっている問題の原因を明らかにするために、クライエントの過去の問題や短所に焦点を絞ることがあります。それに対して、**解決志向アプローチ**は、クライエントが望む**未来と長所**に目を向けます。このアプローチは、スティーブ・ディ・シェイザー（Shazer, S. D.）やインスー・キム・バーグ（Berg, I. K.）らによって考案されました。彼らは、クライエントの問題の性質や起源についてのこれまでの考え方を見直し、問題と解決は必ずしも関係しないという見方を示しました。これは**問題志向から解決志向へ**の移行といえます。

どうやって解決に向かっていくか

　解決志向アプローチは、問題の性質や程度、原因については質問せず、クライエントの問題に関する説明を、敬意をもって聞き、解決に向けて会話をします。そして会話のなかで、問題が解決したときに、生活がどのように変化するかについて、満足のいくイメージを引き出します。それと同時に、クライエントの生活のなかで、問題が起こっていないとき、つまり**例外**の状況について尋ねます。例外は、**困難な状況における成功体験**であり、クライエントはそのための能力をもっているととらえられます。ソーシャルワーカーは例外を介入の足がかりとし、クライエントが満足のいくイメージへ向かって、自らの生活を展開するよう促します。その際、重要になるのは、クライエントの生活については、ソーシャルワーカーではなく、**クライエント自身が専門家**であるという姿勢です。

解決志向アプローチ 図

未来に目を向ける

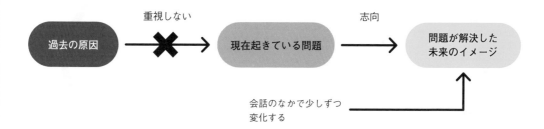

過去の原因　→ ✖ **重視しない** → 現在起きている問題 →　**志向**　→ 問題が解決した未来のイメージ

会話のなかで少しずつ変化する

解決志向アプローチによる面接

問題が解決した未来のイメージ

賞賛

ソーシャルワーカーはクライエントを専門家としてとらえる

困難な状況でも成功した例外

比較的短期間で行われる

第1章　ソーシャルワーカーって何をする人？

第2章　人々のライフサイクルと暮らしの課題

第3章　ソーシャルワークが挑む課題

第4章　ソーシャルワークの具体的な流れ

第5章　ソーシャルワーカーに求められること

第6章　ソーシャルワークが大切にしている理論やモデル

第7章　今、ソーシャルワーカーが身につけたい技術

12

認知と行動を変える

認知理論

　認知理論は、私たち自身や直面している状況への**思いや考え**が、私たちの感情や行動を大きく左右するという原則に立っています。変えることのできない過去の出来事よりも、変化が期待できる**現在の状況**や**これからのこと**を重要視します。この理論では無意識のうちに生じる思い違い、誤解、誤った信念などが情緒不安定や精神疾患を引き起こす原因と考えます。このような思考プロセスを自覚し、必要に応じて修正するための支援を行うことで、情緒を安定させ、精神疾患の症状を和らげることを目指しています。

行動理論

　行動理論では、特定の**行動パターン**に焦点を当て、その前後に起こる状況を整理（行動分析）することで、その行動パターンを望ましいものに変容させる過程を明らかにします。ここでいう「行動」とは、はたらきかけを強めた結果、習得されたものです。行動分析によって、直前の状況、焦点となる行動、行動に伴う結果に整理できます。直前の行動にポジティブな変化を加えることで、行動に伴う結果の改善が期待されます。

認知行動アプローチ

　具体的で測定可能、実現可能な目標を設定する認知理論と行動理論を組み合わせた、**短期集中のアプローチ**です。課題シートを使用しながら、あらかじめ決められた手順に沿ってセラピストとクライエントが対話を重ねます。うつ症状や不安症などの緩和や直面している問題への対処方法を得ることを目標にします。心理的な問題だけではなく、利用可能な社会資源の獲得や問題解決能力の向上への取り組みにも焦点を置きます。

認知理論におけるABCフレーム

A（Antecedent）

生活上の変化や身近に起きた出来事

例：母親（父親）が老人ホームに入所することになった。

B（Behavior）

Aに対する思いや感情

例：母親（父親）が老人ホームに入所したのは自分が至らないからだと思い込み、自分を責める。

C（Consequence）

Bに対する認識

例：ふさぎこみがちになり、うつ症状がみられるようになる。

例：母親（父親）の加齢による変化を受け入れ、一人で抱え込まないようにする。

例：母親（父親）への面会のため、老人ホームに頻回に訪問するなど、今まで以上によい関係性を築けるようになる。

行動理論におけるABCフレーム

A（Antecedent）

直前の状況

例：子どもにおもちゃを片づけさせるために、母親は強い口調で「片づけなさい！」と指示する。

B（Behavior）

焦点となる行動

例：子どもは指示に従わず、「もっと遊びたいのに！」と泣く。

C（Consequence）

Bの行動に伴う結果

例：おもちゃは片づかず、母親はもっと強い口調で子どもを叱ってしまう。

例：子どもの遊びたい気持ちを汲み取り、「あと10数えたら片づけようね」と声をかける。

例：子どもは遊びたい気持ちを整理し、母親の指示を受け入れ、少しずつおもちゃを片づけはじめる。

例：子どもはおもちゃを片づけると母親から褒められることを学習する。

認知行動アプローチのポイント

・一般的に治療マニュアルに沿って進める
・クライエントはセッション前に課題シートに取り組む
・各セッションでは、前回の振り返りをしつつ、課題シートをもとにセラピストとクライエントが話し合いを重ねる
・自分の思いや考えを論理的に整理したり、気持ちが落ち込んだり、問題が発生したりしたときの対処方法を学ぶことを目的とする

13

社会の構造に抗する

▎抑圧が生じる構造にはたらきかける

　反抑圧的ソーシャルワーク（anti-oppressive social work practice：AOP）は、1990年代頃から主に欧米で展開されるようになった急進的なアプローチです。AOPは、抑圧された人々の経験と意見を尊重することを重視し、人道的・社会的正義の価値観に基づいて、抑圧が生じる構造に批判的な視点でアプローチを行います。

　イギリスやカナダ、アメリカなどでは、ソーシャルワーカーの養成教育において一般的に取り扱われています。また、世界的に認知されているソーシャルワークのグローバル定義は、周縁化・社会的排除・抑圧の原因となる構造的条件に挑戦して社会を変革するソーシャルワークが重要視され、このAOPアプローチとも共通性・親和性があります。しかし、日本ではまだ十分に普及していないという課題もあります。

▎抑圧の構造を分析して批判的にアプローチする

　具体的には、生活に困っていたり、生きにくさを経験したりしている人たちの状況を当事者の立場から理解し、問題を抑圧という視点で構造的に分析することで、複数のレベルから解決に向けて、以下のようなアプローチをします[5]。

- ・抑圧が生じる構造を把握・分析する：抑圧が生じる社会の構造的な問題が、どのように個人や家族、コミュニティ、社会に影響を与えているかを批判的に分析します。
- ・ソーシャルワーカーが自分自身の実践を反省的に省察する：自身の実践における抑圧のとらえ方や、自分の言動がクライエントに抑圧をもたらしていないかを省察します。
- ・抑圧を経験している人をエキスパートととらえる：当事者の経験や視点を尊重し、支援者は伴走者（アライ）として、当事者と協働します。

AOPの特徴とアプローチ方法　図

AOPの展開過程と抑圧の定義

AOPの展開過程	1980年代にイギリスで始まり、1990年代から理論化や体系化が進み、2000年代にはイギリスやカナダのソーシャルワーク教育の軸として採用され、アメリカでもテキストが刊行されるようになっている
抑圧の定義	特定の集団に属していることを理由に、個人（または集団）に対して行動や政策が不当に行われた場合に発生する。これには、公正な生活を送り、社会生活のあらゆる側面に参加し、基本的な自由と人権を経験し、自分自身と自分の集団の肯定的な感覚を育む方法を、人々から奪うことが含まれる。また、平和的または暴力的な手段を通して、信念体系や価値観、法律、生活様式をほかの集団に押しつけることも含まれる

複数のレベルに協働でアプローチする

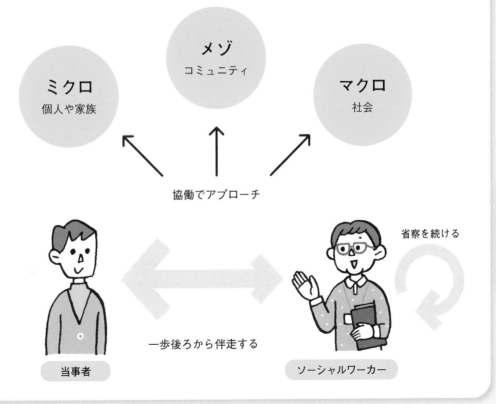

メゾ
コミュニティ

ミクロ
個人や家族

マクロ
社会

協働でアプローチ

省察を続ける

当事者

ソーシャルワーカー

一歩後ろから伴走する

第1章 ソーシャルワーカーって何をする人？

第2章 人々のライフサイクルと暮らしの課題

第3章 ソーシャルワークが挑む課題

第4章 ソーシャルワークの具体的な流れ

第5章 ソーシャルワーカーに求められること

第6章 ソーシャルワークが大切にしている理論やモデル

第7章 今、ソーシャルワーカーが身につけたい技術

14
その他のアプローチ・理論

◗ フェミニストソーシャルワーク

　フェミニストソーシャルワークは、男性を基準とした伝統的なソーシャルワークを疑問視します。「女性は家庭を守るべきだ」「子育ては女性がするべきだ」、というようなステレオタイプな性別役割を女性に押しつけず、女性の経験を分析の原点とし、**すべての女性に対する抑圧（例えば、シングルマザーの貧困など）をなくす**ことを目標とします。その際に焦点を当てるのは、女性の社会における位置と女性特有の困難な状況との関連です。女性の個人的な問題には、**社会的原因**があることを認め、双方の側面から介入することを重要視します。

◗ 障害学にもとづくソーシャルワーク

　一般的なソーシャルワークは、長い間、障害を個人の災難や悲劇ととらえる**個人モデル**の考えにもとづいて行われてきました。それに対して、障害学にもとづくソーシャルワークは、障害が差別的な社会のあり方から生じるとする**社会モデル**にもとづいて行われます。障害学に基盤をおくソーシャルワーカーは、障害者を権利と責任をもった市民としてとらえ、障害者のためにではなく、障害者とともに、障害者が充実した生活を送れるよう、個人的、社会的、経済的資源を探し出し、活用します。また、障害者が**主体性**をもち、**抑圧的な社会に対し変革**を求め、社会への**完全参加**を達成するようはたらきかけます。

フェミニストソーシャルワークの視点

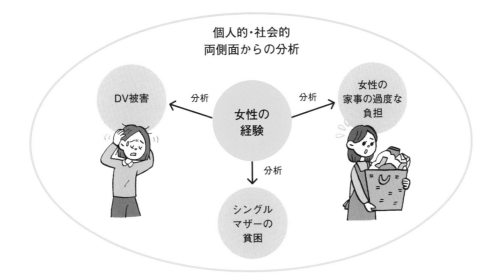

個人的・社会的
両側面からの分析

DV被害　←分析　女性の経験　分析→　女性の家事の過度な負担

↓分析

シングルマザーの貧困

個人モデル・社会モデルと障害学にもとづくソーシャルワークの関係

STATION

個人モデル:
階段を上って改札口に行けないのは、個人の身体に障害があるから

社会モデル:
改札口に行けないのは、エレベーターを設置していないから。これは、車いす使用者を想定してない社会によって生じた障害

障害学にもとづくソーシャルワークはこちらの考え方を用いる

第1章　ソーシャルワーカーって何をする人？
第2章　人々のライフサイクルと暮らしの課題
第3章　ソーシャルワークが挑む課題
第4章　ソーシャルワークの具体的な流れ
第5章　ソーシャルワーカーに求められること
第6章　ソーシャルワークが大切にしている理論やモデル
第7章　今、ソーシャルワーカーが身につけたい技術

第6章引用文献

1）岡本民夫監、平塚良子・小山隆・加藤博史編『ソーシャルワークの理論と実践――その循環的発展を目指して』中央法規出版、pp.114-128、2016年
2）荒井浩道『ナラティブ・ソーシャルワーク――"〈支援〉しない支援"の方法』新泉社、pp.128-131、2014年
3）久保紘章・副田あけみ編著『ソーシャルワークの実践モデル――心理社会的アプローチからナラティブまで』川島書店、pp.93-115、2005年
4）同上
5）坂本いづみほか『脱「いい子」のソーシャルワーク――反抑圧的な実践と理論』現代書館、pp.10-33、2021年

第6章参考文献

● Capra, F., Luisi, P. L., The Systems View of Life: A Unifying Vision, Cambridge University Press, 2014.
● Gitterman, A., Knight, C., Germain, C. B.,The Life Model of Social Work Practice: Advances in Theory and Practice 4th edition, Columbia University Press, 2021.
● Meyer, C. H., Assessment in Social Work Practice, Columbia University Press,1993.
● 川村隆彦『ソーシャルワーカーの力量を高める理論・アプローチ』中央法規出版、2011年
● 一般社団法人日本ソーシャルワーク教育学校連盟編『ソーシャルワークの理論と方法[共通科目]』中央法規出版、2021年
● 岡本民夫監、平塚良子・小山隆・加藤博史編『ソーシャルワークの理論と実践――その循環的発展を目指して』中央法規出版、2016年
● 大谷京子・田中和彦『失敗ポイントから学ぶPSWのソーシャルワークアセスメントスキル』中央法規出版、2018年
● 荒井浩道『ナラティブ・ソーシャルワーク――"〈支援〉しない支援"の方法』新泉社、2014年
● 一般社団法人日本ソーシャルワーク教育学校連盟編『ソーシャルワークの理論と方法[共通科目]』中央法規出版、2021年
● Perlman, H. H., Social casework: a problem-solving process, University of Chicago Press, 1957.
● Roberts, R. W. & Nee, R .H., Theories of Social Casework, University of Chicago Press, 1970.
● H. H. パールマン、松本武子訳『ソーシャル・ケースワーク――問題解決の過程』全国社会福祉協議会、1966年
● R. W. ロバーツ・R. H. ニー編『ソーシャル・ケースワークの理論 I ――７つのアプローチとその比較』川島書店、1985年
● 久保紘章、副田あけみ編著『ソーシャルワークの実践モデル』川島書店、2005年
● 白澤政和「1960年代以降のケースワーク諸理論の変遷とその考察（２）――問題解決モデルを中心として」『大阪市立大学生活科学部紀要』第26巻、pp.237-254、1978年
● 久保紘章、副田あけみ編著『ソーシャルワークの実践モデル』川島書店、2005年
● Reid, W. J. & Epstein, L., The Task-Centered Casework, Columbia University Press, 1972.
● 武田建、荒川義子編『臨床ケースワーク――クライエント援助の理論と方法』川島書店、pp.73-94、1986年
● 久保紘章・高橋重宏・佐藤豊道編著『ケースワーク――理論的アプローチと技法を中心に』川島書店、1998年
● P. ディヤング・I. K. バーグ、桐田弘江・住谷祐子・玉真慎子訳『解決のための面接技法 第３版――ソリューション・フォーカストアプローチの手引き』金剛出版、2008年
● Turner, F. J., Social Work Treatment 4th Edition., Free Press, 1996.
● McGinn, L. K. & Sanderson, W. C., What Allows Cognitive Behavioral Therapy to Be Brief: Overview, Efficacy, and Crucial Factors Facilitating Brief Treatment, Clinical Psychology: Science and Practice, 8(1), pp.23-37, 2006.
● Baines, D., Doing Anti-Oppressive Practice: Social Justice Social Work 3rd Ed, Fernwood, 2017.
● Dalrymple, J & Burke, B., Anti-Oppressive Practice: Social Care and the Law, 2, Open University Press, 1995.
● 児島亜紀子「反抑圧ソーシャルワーク実践(AOP)における交差概念の活用と批判的省察の意義をめぐって」『女性学研究 Women's Studies Review』第26巻、pp.19-38、2019年
● 坂本いづみ「多文化社会カナダのソーシャルワークとグローバリゼーションの影響」『ソーシャルワーク研究』第36巻第３号、pp.30-36、2010年
● 坂本いづみほか『脱「いい子」のソーシャルワーク――反抑圧的な実践と理論』現代書館、2021年
● L. ドミネリ、須藤八千代訳『フェミニストソーシャルワーク――福祉国家・グローバリゼーション・脱専門職主義』明石書店、2015年
● M. オリバー・B. サーペイ、野中猛監訳、河口尚子訳『障害学にもとづくソーシャルワーク――障害の社会モデル』金剛出版、2010年

今、ソーシャルワーカーが身につけたい技術

01

ソーシャルアクション って？

▶ ソーシャルアクションとは

　ソーシャルアクション（社会活動法）とは、地域社会の生活課題を解決するために、社会福祉制度やサービスの改善・開発を目指して、行政機関などにはたらきかける援助技術です。個人の生きづらさや当たり前の権利が守られていない状況を生み出す社会構造に変化を促します。ソーシャルワーク専門職のグローバル定義においても、社会を変えるためのソーシャルアクションは、ソーシャルワーカーの中核的な業務として位置づけられています。社会福祉に関連する法律や制度だけではなく、人々の生活習慣や社会の価値観を変えていく活動も含んでいます。当事者や家族、ソーシャルワーカーをはじめ、医療機関、相談支援・就労支援機関の専門職、地域住民やボランティアなどの非専門職といった多様な人々が協働して活動を展開します。

▶ なぜソーシャルアクションが必要？

　例えば、現代の社会問題としてクローズアップされている**8050問題**や**ヤングケアラー**の課題は、当事者や家族の責任なのでしょうか。いえ、そんなことはありません。病気や障害などによって生活のしづらさが生じれば、私たちは誰でも同じように困難な生活状況に陥る可能性があります。つまり、「社会問題＝（個人ではなく）**社会全体の課題**」なのです。すべての法律や制度は、目的と対象が定められているため、誕生した瞬間に制度の狭間に落ちてしまう人々が生まれます。ソーシャルワーカーには、新しくできた（あるいは変わった）法律や制度によって、かかわる人々の生活にどのような影響を与えているのかを多角的に理解する視点や分析する力が求められます。

ソーシャルアクションの基本 図

第1章 ソーシャルワーカーって何をする人？

第2章 人々のライフサイクルと暮らしの課題

第3章 ソーシャルワークが挑む課題

第4章 ソーシャルワークの具体的な流れ

第5章 ソーシャルワーカーに求められること

第6章 ソーシャルワークが大切にしている理論やモデル

第7章 今、ソーシャルワーカーが身につけたい技術

ソーシャルアクションとは何か

定義	広義の福祉を含む社会福祉の制度・サービスの創設・改善・維持を目指して、国や地方自治体、つまり議会や行政機関に立法的・行政的な措置をとらせようとする組織的な対策行動および企業や民間団体にして行われる社会的行動である[1]
具体例	● 障害のある人たちのアクセス権運動 →交通バリアフリー法やハートビル法（現・高齢者、障害者等の移動等の円滑化の促進に関する法律）の成立に影響を与えた ● 障害児をもつ親たちによる統合教育に関する運動 →インクルーシブ教育の推進に影響を与えた

ソーシャルアクションが求められる社会的な背景

8050問題　ダブルケア　老老介護　LGBTQ

ヤングケアラー　生活困窮　就労課題　外国ルーツ

個人の問題の背景には、社会全体の課題がある

02 ソーシャルアクションの展開

▶ ソーシャルアクションのプロセス

　ソーシャルアクションは、「①多様な個別ニーズの把握、②法制度等の課題と地域ニーズのみえる化、③行政機関や関係機関等との連携・協働、④制度化やサービス改善・開発の交渉、⑤アクションの成果や課題の共有化」[2]といったプロセスをたどります。具体的には、まずソーシャルアクションの原点となる当事者や家族の願い・困りごとを理解します。次に、それらの想いが法制度や社会構造によるどのような影響から生じているのかを可視化します。続いて、同じ問題意識をもつ関係者とのネットワークづくりを行います。そして、協働チームによる社会福祉制度やサービスの改善・開発に向けた行政機関等との交渉に発展します。最後に、協働チームでアクションの成果や課題を共有し、次のアクションプランにつなげていきます。これらのプロセスは一直線ではなく、循環していきます。

▶ ソーシャルアクションの方法

　ソーシャルアクションの展開においては、まず当事者や家族、関係者との信頼関係の構築に向けた**コミュニケーション技術**が必要です。また、同じ志を抱く仲間づくりのための**ファシリテーション**や**ネットワーキング**、行政機関と交渉を行うための**ネゴシエーション**など、包括的なスキルが求められます。具体的な方法として、集会・イベントの開催による地域住民の理解促進や署名・デモ・陳情・裁判等による議会への要求活動があります。現代では、SNSの発信やマスメディアと連携した広報活動による世論の形成が行われることで、社会活動の広がりを見せています。

ソーシャルアクションのプロセス

①多様な個別ニーズの把握

↓

②法制度等の課題と地域ニーズのみえる化

↓

③行政機関や関係機関等との連携・協働

↓

④制度化やサービス改善・開発の交渉

↓

⑤アクションの成果や課題の共有化

ソーシャルアクションの方法

集会やイベントの開催	署名・デモ・陳情・裁判等	SNSの発信やマスメディアの記者会見・新聞記事

第1章 ソーシャルワーカーって何をする人？

第2章 人々のライフサイクルと暮らしの課題

第3章 ソーシャルワークが挑む課題

第4章 ソーシャルワークの具体的な流れ

第5章 ソーシャルワーカーに求められること

第6章 ソーシャルワークが大切にしている理論やモデル

第7章 今、ソーシャルワーカーが身につけたい技術

03

ソーシャルアクションの具体例

▶ 個別課題から社会問題の解決を目指したソーシャルアクション

　ソーシャルアクションをイメージできるように、具体的な実践例を紹介します。ソーシャルワーカーによる退院支援で患者の住まいを探す際、連帯保証人の問題が退院を阻む障壁となることが多くあります。そこで、地域の仲間と力を合わせて、保証人がいなくて困っているホームレスや高齢者などに連帯保証人を提供する法人を設立しました。この問題は、全国レベルの課題であり、各地域の居住支援団体と連携して、国や地方公共団体に向けての政策提言も行っています。このように、ソーシャルワーカーと当事者のかかわりを通じた切なる想いへの共鳴が、アクションの原動力となります。さらには、地域の課題である空き家問題など別の課題の解決にもつながっています。

▶ 職能団体等によるソーシャルアクション

　個人の力では法制度の創設や改善に向けたアクションが難しい場面も多く、**職能団体の組織力**を活かすことも重要です。ソーシャルワーカーなどの対人援助職は、全国と都道府県レベルで職能団体があります。各地域の職能団体では、障害者自立支援法（現：障害者総合支援法）や生活保護法の問題点を指摘し、当事者団体等との連携による署名活動や声明を発信しています。こうした草の根的な活動によって、地方自治体による医療費助成やケアラー支援制度などの創設・改善に発展しています。

▶ 自分だからこそできるアクションを考えてみよう

　社会の動きに関心をもち、選挙やパブリックコメント、地方自治体への意見箱など、自身の立場や今だからこそできるアクションの第一歩を考えてみることが大切です。

ソーシャルアクションの原動力は当事者の切なる想い

連帯保証人が
見つかりません……

仲間と力を合わせて、
解決しよう！

協力

不動産業者

ほかの
居住支援団体

ほかの
ソーシャル
ワーカー

同じ問題を
抱える当事者

職能団体等によるソーシャルアクション

署名活動

意見文の提出

主な職能団体
・公益社団法人日本社会福祉士会
・公益社団法人日本精神保健福祉士協会
・公益社団法人日本医療ソーシャルワーカー協会
・特定非営利活動法人日本ソーシャルワーカー協会

第1章　ソーシャルワーカーって何をする人？

第2章　人々のライフサイクルと暮らしの課題

第3章　ソーシャルワークが挑む課題

第4章　ソーシャルワークの具体的な流れ

第5章　ソーシャルワーカーに求められること

第6章　ソーシャルワークが大切にしている理論やモデル

第7章　今、ソーシャルワーカーが身につけたい技術

04

ケアマネジメント って？

▶ 多様なニーズをもつ人の暮らしの課題

病気や障害などにより、長期間、手厚いケアや支援を必要とする人がいます。例えば、脳梗塞によって、利き手や話すことなどに障害を抱えた人のことを考えてみましょう。その人が、困難を抱えながらも住み慣れた地域で暮らし続けるためには、自宅での療養を支える訪問看護、家事や介護を支えるホームヘルプサービス、通院など外出の際の移動支援、暮らしの見守りなど、さまざまなニーズに応えるサービス、支援が不可欠です。

また、病気や障害を抱えながらウェルビーイングを実現するためには、仕事、趣味、地域活動への参加など、その人にとって大切な活動や人とのつながりを回復、維持する支援も必要です。このように、多様なニーズをもつ人は、自分らしい暮らしを整え、維持するために、さまざまなサービスや支援者などの**社会資源と結びつく**必要があります。

▶ 多様なニーズと社会資源を結びつけるケアマネジメント

地域には、医療、保健、福祉にかかわるサービスやそれを担う人が多様に存在します。また、サービスや支援を提供する人や組織は、法制度に基づく公式なもの（**フォーマル・サービス**）とボランティアなど法制度に拠らないもの（**インフォーマル・サービス**）があります。支援を担う人は、医師、看護師、ソーシャルワーカーなどの専門職、ボランティアなどの非専門職、ピアサポーターなどの当事者性のある支援者などです。

こうした多彩な社会資源を多様なニーズをもつ人のケアや支援に結びつけるソーシャルワークの技法を「ケアマネジメント」といいます。ケアマネジメントは、多様なニーズをもつ人が、地域のなかでウェルビーイングを実現するために、社会資源を自ら選び、活用できるように支援することを目的とします。

多様なニーズって何？　図

第 1 章　ソーシャルワーカーって何をする人？

第 2 章　人々のライフサイクルと暮らしの課題

第 3 章　ソーシャルワークが挑む課題

第 4 章　ソーシャルワークの具体的な流れ

第 5 章　ソーシャルワーカーに求められること

第 6 章　ソーシャルワークが大切にしている理論やモデル

第 7 章　今、ソーシャルワーカーが身につけたい技術

人を構成する四つの要素

身体性（Biological）	生物学的な人
精神性（Psychological）	こころをもつ人
社会性（Social & Environmental）	社会・環境のなかの人（社会・環境と交互作用する人）
霊性（Spiritual）	その人らしさを支える価値観や信仰など

⇒これらの要素の問題や困難が関連し合って生じる、「充たされない」「足りない」という状態とその状態を充たしたいという欲求が、「**多様なニーズ**」

身体性
（Biological）

霊性
（Spiritual）

精神性
（Psychological）

社会性
（Social & Environmental）

多様なニーズと社会資源の例

掃除が行き届かない	ホームヘルパー

自宅での療養が必要	訪問看護・訪問診療

移動が難しい	移動支援

同じ経験のある人に相談したい	ピアサポーター ピアカウンセラー

05

ケアマネジメントの展開①

▶ ケアマネジメントの進め方

　先述のとおり、ケアマネジメントは、ソーシャルワークの技法の一つです。そのため、クライエントと援助関係を形成しながら情報を集め、暮らしの困難、ニーズ、本人の力、援助の方針、活用する社会資源を検討することからスタートします。クライエント自身が主体的に暮らしの困難を解消できるように、次のとおり支援を進めます。

▶ 課題を探る──アセスメント

　多様なニーズに対応するために、ソーシャルワーカーは、多様な人、組織と協力して、身体的、精神的、社会的、霊的な側面にかかわる困難やニーズを総合的に把握します。そのため、アセスメントは、医師、看護師、リハビリテーション専門職など、多職種で協力して、多面的に進める必要があります。併せて、ソーシャルワーカーは、多職種によるアセスメントを包括化し、活用する支援、サービスの調整を図ります。さらに、その過程を通じて、多職種がチームとして、効果的、効率的に支援を提供できるように、**支援のネットワーク化**を図ります。

▶ 支援を計画する──ケアプランの作成

　アセスメントに基づいて、クライエントに対する支援の進め方を計画します。この計画を**「ケアプラン」**といいます。ケアプランには、支援の目標、支援の課題（タスク）、支援において活用する社会資源、支援の内容と期間、支援の担当者などが記載されます。また、ケアプランの策定は、ソーシャルワーカーがクライエントの抱える困難、ニーズ、意向などを確認しながら、クライエントおよび関係者とともに進めます。